持続可能な社会を考えるための

教育から今の社会を読み解こう

66冊

小宮山博仁 著

明石書店

はしがき

　今、再び教育が熱く語られている。2020年からの教育改革は、これまでとは違ったインパクトがある。このような状況下、教育から持続可能な社会を考えるという観点で選んだ66冊を、書評という形式で紹介し、一冊にまとめてみた（※）。66冊を7つのジャンルに分けた。まず最初に、「グローバル化した社会とは何か」が明らかになる本を8冊取り上げた。国際化や国際経済という文言は60年以上も前から使われている。これらの用語を使う時は、まだ国同士の関係を意味しているが、グローバル化は国という単位から国同士の地域連合、さらには国境のない地球規模での社会という意味が含まれている。

　グローバル化した社会を知る最初の第一歩は歴史、それも世界史であるという考えで第1章は構成されている。世界経済史→EUやASEANなどの地域統合→ヨーロッパの近代史→EUと英国の離脱問題へと進み、その後グローバル化した社会での「ゆたかさ」とは何かを考えるヒントが得られる本を取り上げた。最後はグローバル化した社会で必要な言語とされ、何かと話題になっている英語教育で締め括っている（2020年以降、小・中・高の英語教育は話すことと聞き取りにも重点を置くようになる）。

　第2章ではずばり「持続可能な社会」に関連する本を8冊取り上げてみた。環境を重視した資本主義社会の可能性をさぐる章といってもよい。原発事故はなぜくりかえされるのか、再生可能エネルギーへの転換はどのようにするのかを、世界の多くの市民が考えなくてはならない。当面の間環境とのバランスをとりながら経済成長をしていく、という視点から選んでいる。そのため、子育て支援や幼児教育が経済成長と関連することを明らかにする本も含まれている。また、資本主義社会を前提として考えるなら、「競争と公平」という難問も避けては通れないので、それらに関連したものもある。スタートは平等だが結果は不平等になりがちであることを前提に、所得再分配をどのようにするかが、持続可能な社会にするキーワードの1つであることは言うまでもないだろう。貧富の差が拡大していくと不安定な社会になり、多くの市民は安心して生活できなくなってしまう。持続可能な社会は「幸せな社会」であるはずである。環境という視点から都市や農村の関係を再確認しながら、もう一度「共同体」と

3

いう組織を考え直すきっかけになる本も紹介している。分断化されつつある社会では、コミュニティが再評価されるに違いない。

　社会・経済に関する基本的な知識を身につけておくことは、持続可能な社会を考察する際に不可欠であると思い第3章を設けた。教育と文明社会を考えるヒントになる経済・社会論などを9冊紹介している。労働経済学を中心とした経済学の入門書、文明論、学歴論などである。現代の日本の教育で一番物足りないのが、世の中のしくみに関心を持ち、労働の意義を考えその大切さを伝えることだという思いがあるからだ。今までの教育関係者が苦手と思い込み、無意識に避けてきた分野である。この章では「古典に学ぶ」という学びの面白さをお伝えしたいと思い、スミス、マルクス、ヴェブレンに関した比較的わかりやすい著作を選んでみた。

　世の中のしくみ・社会の動きの基礎理論を学んだ後、日本の現状を知ることが必要と考え、第4章を設けた。第1章から第3章まではグローバル化した社会を知るための一般論及び基礎理論であったが、第4章では日本の社会を、教育と社会の分野から光を当てて論じている本を12冊選んだ。日本の経済格差や経済政策や貧困の現状を知り、日本の教育の不平等の現実を直視し、明治から現在までの教育や社会の特殊性を解き明かすのが目的である。この章は教育に関連する分野の社会・経済についての内容となっている。

　高度経済成長が終わり、成熟した社会に向かいつつある時期に、日本では教育改革の議論が盛んになった。その1つである臨時教育審議会は、1984年から87年にかけて設置された内閣直属の教育審議会である。日本の教育を大改革しようという強い意気込みで、当時の中曽根首相が立ち上げた会である。

　一方世界の経済発展を願って設立されたOECDは、1990年代から積極的に教育政策の提言を行ってきている。グローバルな視点で教育を考え、当初から持続可能な社会を念頭に置いたと思われる内容だ。その最初の具体的な提言の1つが2000年に実施された国際的な学力調査のPISA（ピザ：Programme for International Student Assessment）である。OECDの加盟国を中心とした15歳児を対象に、主に読解力、数学的リテラシー、科学的リテラシーの三分野を調査している。記述式や対話形式の問題が多く、マークシート式のセンター試験とはかなり違った方式となっている。読解力は国語の分野だが、作者の心情を読み取ることが中心の小説の解釈よりも、論理的に考えることを重視する論説

文・説明文が主流となっている。そのため日本の子どもは PISA の読解力に関しては最初とまどったのではないだろうか。実際2000年と2003年の読解力は、他の分野に比べて少し順位を落としていた。2020年度から変わろうとしている大学入試問題（大学入学共通テストなど）は PISA の影響を強く受けることになるだろう。

　PISA は2007年から始まった全国学力・学習状況調査に強い影響を与え、21世紀に入ると OECD の著作は日本の教育研究者や実践者が注目するところとなった。従来の教育観にこだわる方は、経済協力をして国を発展させることが目的の OECD の教育提言に懐疑的であることが多い。しかしイデオロギー的に片寄っている提言ではないと私は思っている。多くが日本の教育政策に足りなかったものであると言ってもよいだろう。OECD がなぜ教育政策の提言を積極的にするようになったのかがわかるのが第5章である。OECD が教育の分野に入ってくることを警戒している方にも、ぜひ目を通していただきたい著作を9冊取り上げた。最後の節の『OECD 幸福白書3』は OECD の最終目的が「幸福」であることがわかる内容となっている。

　第6章は日本の子どもの教育と学力に関しての著作を10冊選んでみた。2020年から何かと話題となっている改革を知るための基礎知識を身につけることができる。今の日本の子どもの学力を含めた現状がよく伝ってくる内容となっていると思われる。

　第7章では、教育で持続可能な社会にすることが「可能」なのかを考える時に必要な本を選んでみた。なぜ2020年の教育改革なのか、さらには2015年国連でなぜ SDGs が採択されたのか、第7章を読むとこれらの疑問はある程度明らかになってくるに違いない。

　なお拙著で取り上げた66冊の本の基準を次に簡単に示しておく。

　教育及び社会の変化に関心のある方を想定して、身近な出来事を扱った啓蒙書及び基礎的なテキストを考えた。原則として、一般の書店及びアマゾンや紀伊國屋書店などのウェブストアで新刊を手に入れることができる著作に限定している。読みやすくて手にしやすいということを心掛けたため、新書がかなり多くなった。研究者を対象とした論文集はできるだけ避けたが、多くの人に知っていただきたい OECD の関連書は何冊か入っている。しかしこれらの研究書は理論というよりも資料や報告書に近いものなので、わかりやすい内容と

なっている。

　66冊の書評は、各著作の「案内書」に近いものと考えていただきたい。拙著は教科書ではないので、どの章から読んでも、さらにどの書評から読んでも構わない。ただし各章の前にサマリーがあるので、できたらここはしっかりと読んでいただきたいと思う。その章の意図を知った上で書評を読むと、その内容が頭に入っていきやすくなるであろう。書評を興味のあるところから読み、「なぜなの？」という好奇心をそそられもっと調べたいと思ったら、書評の本をぜひ手に取っていただけたらと思う。もし時間があれば各章ごとでよいので、各節の本を連続して読むという方法もある。各章のテーマの内容がはっきりしてくるであろう。

　各書評は単なるその本の紹介でも完全コピーでもない。私なりの解釈が入っているので、本来の主旨とのくいちがいが多々あるかもしれない。しかしこれらの書評を読んでいくと、グローバル化した社会での諸問題が浮かび上がり、持続可能な社会を考えなくてはいけない時代に、我々が直面していることが明らかとなってくる。そしてすべての章を読み終えると、持続可能な社会を可能にするキーワードは「教育」であることが、共通意識となってくるであろう。

　公教育（公立・私立問わず）の目的は主に３つある。１つ目は健全な市民社会の成立、２つ目は市民の労働力の価値の向上、３つ目は市民それぞれの個人の幸せ、となる。１つ目の目的は議会制民主主義の大切さを義務教育の段階から学ぶことによって「安心できる社会体制が持続していく」という当たり前のことを認識することである。その中に「人権」が入っていることは言うまでもない。２つ目の目的は、生活していくために経済的な豊かさを持続させること、という認識である。一定の経済発展がなければ、多くの市民は文化的な生活ができなくなり、国全体の活力が低下し、体制を持続させることが困難となってくる。１人１人の労働生産性を上げるための教育は、社会体制を維持していく際にも重要である。３つ目の目的は、１人１人が必要最低限の生活ができるような「幸せ」を得るための教育である。今までの日本での公教育は、３番目に重点が置かれてきたと思われる。しかし３番目は、１番目と２番目の上に成り立つと私は考えている。

　この教育の３つの目的のことを考えながら、ここで紹介した66冊の書評を読み通すと、混沌とした社会での教育の役割や大切さが見えてくるのではない

だろうか。これらの書評を読み、より深く考えたいと思う方は、本を手に取って読んでいただきたい。教育のことだけでなく世の中の動きもよくわかってくるに違いない。拙著を持続可能な社会の学びの「道案内役」として活用していただければと思う。

　それぞれの著者の独自な考えがあることは当然だが、ここで紹介する66冊は、エビデンス（科学的根拠）にもとづいて論を進めている著作がほとんどである。イデオロギーも含め、全体としてバランスがとれるように工夫したつもりである。多面的なものの見方が、グローバル化した時代だからこそ要求されると考えたからである。読者対象は「今の世の中をよく知りたい！」と考えている市民を想定している。教育関係者、大学生、労働者、企業家、主婦（主夫）、教師になりたいと思っている方及び就職活動中の方などである。

　66冊分の書評をただ集めて論評しただけの本ではない。66冊の様々なエビデンスをもとにし、私流のアートで論を進めている。その部分を読み取っていただけたら幸いである。

【持続可能な社会の定義】
　人間と自然が共存し、持続していく社会。それは経済活動と自然的環境のバランスをとる、健全な市民社会である。なお健全な市民社会とは、適正な所得再分配が行われる福祉国家を想定している。

（※）業界誌『悠プラス』（ぎょうせい）と『塾と教育』（塾と教育社）に2007年から2019年に書評として連載したものをベースに書き加えている。

持続可能な社会を考えるための 66 冊

~教育から今の社会を読み解こう~

◉

目　次

第4章　日本の社会を知る

第5章　OECDの教育政策提言を知る

第6章　日本の子どもの教育と学力について知る

第7章　教育で持続可能な社会に

序　章
～グローバリゼーションと持続可能な社会～

　21世紀に入ると、グローバリゼーション（globalization）という英語をよく耳にするようになった。ヨーロッパの先進国が、アメリカ大陸やアフリカ大陸を植民地にした頃から、貿易を中心とした経済交流が活発になっていく。人類史で考えると地球規模での交流の本格的な始まりと言ってよいだろう。国際化の始まりだが、18世紀のイギリスの産業革命でさらに活発になったことは、疑いのない事実である。

　19世紀は旧大陸から新大陸への人の移動の時代となり、20世紀になるとその動きはさらに加速されることになった。船だけでなく自動車や鉄道といった移動手段が発達したおかげであることは明白である。商品の取り引きだけでなく、人の交流が活発になったのが20世紀である。仕事や観光での移動だけでなく、移動先で生活を続け定住する移民もふえた。現在の人の移動は、ヨーロッパやアメリカ合衆国などの労働力不足を補うための、人権が軽視された貧しさゆえの「人の移動」が主である。初期は積極的な移動だが現在は消極的な移動であるという点に注視したい。

　これらの移動の動機は「富を求めるための経済的行動」であるという共通点がある。人の動きと共に商品の取り引きが活発になり、貿易の取り引き額も年々増加し、国際貿易によって資本主義社会が発展したといっても過言ではない。20世紀後半は商品や貨幣のやり取りが活発化し、人や文化の交流が国同士で盛んになってきた。その最中、計画経済の社会主義諸国がほぼ消滅したのが1990年前後である。そして閉ざされた狭い範囲の経済圏が、ソ連の崩壊とともに大きな市場へと変化し始めたのが、20世紀の終わりで、それを契機に、人と商品と貨幣の交流が一気にふえて、グローバル化した社会へと進んで行った。交通手段や通信手段の発達により大量の商品と人を運ぶことが可能になったのである。さらに21世紀になるとインターネットの発達により、一般の人でも世界の情報を手に入れたり金融取引が簡単にできる時代となってきている。

　20世紀の初めの頃から、本や新聞や雑誌やラジオや映画といった道具を利用して、人々は様々な情報を手にするようになった。1960年代になると、そ

れらに加えてテレビが重要な情報源となり、そして21世紀に入ると、大人だけでなく子どもまでもが、自分がほしいと思ったら外国の情報も手に入れることが可能になってきている。インターネットの発達で、世界中がクモの巣状にからみあった状況になってきたのである。また、1960年代から各国が共通の目的を掲げた地域統合の動きも出てきた。1957年に成立したEEC（欧州経済共同体）は現在のEU（欧州連合）の土台となったことで知られている。EUの成立は、第二次世界大戦のような悲惨な出来事を避けたいという、ヨーロッパ諸国の強い願いから生まれたと言ってもよいだろう。また第二次世界大戦をきっかけに独立を勝ち取った東南アジアでも、お互いに協力して発展していこうという思いから1967年にASEAN（東南アジア諸国連合）が結成された。

　このような状況を「グローバル化した社会」と呼ぶようになり、18年程前（2001年）の中学の社会科（公民）の教科書にも登場した。この言葉が経済だけでなく教育の世界でも広まっているということは、グローバル（地球）的規模での視野を持つことを、市民社会の一員として要求されていることを示している。

　最新の『教育社会学事典』（2018年、丸善出版）には「グローバリゼーション」という1つの大項目が設けられ、次のような記述がある。「グローバリゼーションは、技術や経済の進歩によって人・金・物・情報が大量に国境を越えて移動していくことによる、大きな社会の変容を意味する語として使用されている。（国際化と違い）超国家的レベルでの社会システムの構造変容という視点に立つ点に特色がある」。

　このグローバル化した社会は、持続可能な社会（Sustainable Society）という重要な問題を我々に突き付けていることを忘れてはならない。世界がグローバル化するにしたがって、人類が持続して存続していくのが困難になることが1960年代以降少しずつ明らかになってきた。1972年に発表されたローマクラブの報告書「成長の限界」はその走りであり、環境汚染、資源の枯渇、食糧不足に関連した人口問題などが話題となった。

　その後1990年代になると、地球温暖化という地球規模での環境問題がクローズアップされてきた。冷蔵庫やエアコンの冷媒などに使われているフロンは、オゾン層を破壊することが1970年代に注目された。フロンは温室効果ガスでもあり、日本でも使用を規制されたことを記憶している方も多いのではな

いだろうか。さらに21世紀になると、化石燃料による二酸化炭素の増加のため気温が上昇して気候が激しく変動し、様々な自然災害が発生するということが多くの市民に周知されてきた。グローバル化した社会では、このような環境問題がよりいっそう注目されるようになってきている。

　中学の理科の教科書を調べると、2012年度版には「地球温暖化」という学習項目があるが、1997年度版には出ていない。地球温暖化のような環境問題をクリアーしないと、グローバル化した社会では「持続可能な社会」が不可能であることを、多くの人々が真剣に考え始めたが、日本の教育関係者も例外ではなかった。中学の社会科の教科書（公民）を調べると、2012年度版では「持続可能な社会」という項目に、かなりのスペースがさかれている。しかし2001年度版にはそのような項目は見当たらない。

　日本の教育界では21世紀に入るころから環境教育に力を入れ始め、2011年３月11日の東日本大震災をきっかけに「グローバル化した社会」と「持続可能な社会」がワンセットで語られることが多くなったと思われる。グローバルな視点から持続可能な社会にするために、問題解決能力を多くの市民が身につけ、諸問題解決のための議論を、民主的に活発に行ってほしいという意図が2020年の教育改革にはあると思われる。

　2000年のPISA（国際的な生徒の学習到達度調査）以降のOECDの教育政策の積極的な提言と、同じ方向であることは明らかである。OECDが発信している教育提言は、経済発展のためのイノベーションのことを考えているのは明らかだが、それだけでないことを忘れてはならない。アクティブ・ラーニング（Ａ・L）のような学習方法やイノベーションのことが注目されがちだが、グローバル化した社会や持続可能な社会を真剣に考える市民が増えてほしいというのが、一番の願いであると私は考えている。

　これらのことをしっかりとおさえておかなくては、2020年以降の教育改革が「何のための改革なのか」「何が目的なのか」といった重要な論点がぼやけてしまうであろう。タイミングよく2015年にUNDP（国際連合開発計画）がSDGs（Sustainable Development Goals: 持続可能な開発目標）を発表した。現在の教育議論はSDGsが発表された経緯や歴史をあまり考慮せず、学習方法論や受験制度の変更の文言だけが一人歩きしているようにも見えるが、17の提言をしっかりとらえ、「今なぜSDGs」なのかを検証することが大切なのではない

だろうか。

　2020年から大学入試が変わるという情報は教育関係者に浸透しつつあり、富裕層の保護者は「受験の内容が変わる」ことに敏感になってきている。首都圏の中学受験熱が再燃しているのは、それを物語っている。しかし、マスメディアなどを通して伝わってくるのは、「何のための教育改革か」というよりも「英語の4技能の民間試験」「大学入学共通テスト」「学習方法の改革」といったフレーズが圧倒的に多い。またプログラミング、アクティブ・ラーニング、タブレット学習、電子黒板といった用語をよく耳にするが、これは、学習法や道具（ツール）の改革や改良のことである。また論理的思考、問題解決能力、認知能力と非認知能力、メタ認知、イノベーション、といった用語は、グローバル化した社会に適応できる「新しい能力」を語る時によく使われている。今までとは違った学習法を取り入れ、新しい時代に相応しい能力を育てることをねらった、「学習革命・能力革命」と言ってもよいかもしれない。これはこれでとても大切なことである。

　しかし今なぜ「教育改革なのか、学習方法が変化してきたのか、今までと違った能力が求められるのか」という疑問に向き合おうとする議論はまだ少ない。今回の教育改革の「目的」をしっかりと理解することが、この改革を成功させるカギである。これを明らかにするのが本書の「目的」の1つであるが、そのキーワードはSDGsであると考えている。過熱してきた学習方法論や能力論の陰になりがちだが、今回の改革の「目的」を鮮明にするのがSDGsとも言える。次にSDGsの内容について簡単に紹介したいと思う。

SDGs（エスディージーズ）：Sustainable Development Goals

1. 貧困をなくそう
2. 飢餓をゼロに
3. すべての人に健康と福祉を
4. 質の高い教育をみんなに
5. ジェンダー平等を実現しよう
6. 安全な水とトイレを世界中に
7. エネルギーをみんなにそしてクリーンに
8. 働きがいも経済成長も

9. 産業と技術革新の基盤をつくろう

10. 人や国の不平等をなくそう

11. 住み続けられるまちづくりを

12. つくる責任つかう責任

13. 気候変動に具体的な対策を

14. 海の豊かさを守ろう

15. 陸の豊かさも守ろう

16. 平和と公正をすべての人に

17. パートナーシップで目標を達成しよう

これら17の提言は大きく4つに分類することができる。

A. 生きていくための「基本的な生活基盤」

B. 幸せな消費活動を約束すると考えられる「経済」

C. 心を豊かにして安心できる生活を保障する「自然環境」

D. 人権を柱とした安全な「社会制度」

　Aは1. 貧困をなくそう、2. 飢餓をゼロに、3. すべての人に健康と福祉を、という3つの目標があてはまる。生きていく上での必要なライフラインと考えてよいだろう。すべての人が安心して生活できる状態を保つことは、争いのない平和な社会の第一歩である。これらは安全な地域社会や国が成立する大前提であることは言うまでもない。Bは8. 働きがいも経済成長も、9. 産業と技術革新の基盤をつくろう、12. つくる責任つかう責任、という3つの目標があてはまる。

　人間の基本的な生活は経済活動によってなされているが、それらに関した目標である。物をつくることは「生産」で、その物を手に入れて使用することは「消費」となる。売って利益を得るために「生産」した物を商品といい、貨幣を使ってそれを購入して使うことを「消費」ということができる。近代社会では貨幣を媒介して商品の取り引きをするのが一般的である（キャッシュレスも最終的には貨幣を媒介して決済している）。「生産者」と「消費者」が出会うのが市場であり、そこでは見えざる手によって貨幣を通じて商品が流れていくのが、資

本主義社会の特徴と言ってもよいだろう。この経済活動が活発になると、文明が発達し、人々に多くの利益をもたらすことが多い。そのため経済発展が文明の発達と市民社会の成立と緊密にかかわっていることは、歴史が証明している。グローバル化した時代では、経済成長と持続可能な市民社会の関連が強く問われることになる。

　Cは6．安全な水とトイレを世界中に、7．エネルギーをみんなにそしてクリーンに、13．気候変動に具体的な対策を、14．海の豊かさを守ろう、15．陸の豊かさも守ろう、という5つの目標があてはまる。これらは自然環境に関したテーマが中心である。イギリスの産業革命は18世紀後半から始まり、それがフランス・ドイツ・アメリカ合衆国、さらには日本へと波及した。経済の発展により便利な道具が大量に生産され、商品として流通し、科学技術の進歩により食糧の生産量が増え、乳児死亡率が減少し平均寿命が伸び、世界の人口は急激に増加した。一部の欧米諸国と日本は20世紀中頃から順次「大衆消費社会」と呼ばれる時代になっていったことを記憶している方も多いのではないだろうか。日本でも、経済学者ガルブレイスの『ゆたかな社会』や社会学者リースマンの『何のための豊かさ』といった専門書が世間の注目を浴びるようになったのが、1960年以降のことである。

　この頃から「豊かさ」と同時に「公害」といった負の環境も社会的な問題として取り上げられるようになった。日本では足尾鉱毒事件（1890年以降）があったが、水俣病、新潟水俣病、イタイイタイ病、四日市ぜんそくは、1960年代の中学の社会科の教科書にはすでに「四大公害」として出てきている。日本の高度経済成長の時期（1950年代後半～1970年代前半）と重なる。経済の発達と環境問題が欧米及び日本で国家単位で真剣に考え始められたと言えよう。

　しかし今回のSDGsは、地球規模での自然環境の問題を重要課題として取り上げている。以前は国家単位での環境問題であったが、21世紀以降は、「持続可能な社会・地球」という観点からの自然環境であることを忘れてはならない。

　Dは、5．ジェンダー平等を実現しよう、10．人や国の不平等をなくそう、11．住み続けられるまちづくりを、16．平和と公正をすべての人に、といった4つの目標があてはまる。これらは人権を保障された市民が、民主的な国家を維持していくことに必要な社会制度に関した内容となっている。人権を重視し人や国家間の不平等をなくすには、市民を主権とした民主的な憲法や法律が必

要だ。そして安心して住み続けられるまちにするには、自治体などの行政が計画的に「まち」づくりをすることが求められる。すべての人に対して公正で平和な世の中にするには、様々な争いを話し合いで解決するための社会制度が整備されていなくてはならない。選挙で選ばれた市民による政治や公正な裁判（司法）が、平和をもたらすといってもよいだろう。さらにグローバルな社会では、ジェンダーの問題も見逃せない。社会的な性差別は、多くの人々を不安に駆り立てることになる（成熟社会は健全な市民社会と思われていたが、現在その考えは揺らぎ始めている）。ジェンダーフリーになれば、持続可能な社会へさらに近づいていくことは明白である。OECD 加盟国では、女性の地位が高い（社会参加の割合が多い）国は、おおむね労働生産性が高いことがわかっている（北欧諸国やオランダなど）。

　以上 A から D の目標を達成するには、市民同士のパートナーシップが欠かせない。お互いにグローバルな視野で協力・協調を心がけることが重要であることは、今までの人類の歴史を概観すると、よりよくわかってくるに違いない。現在のことだけでなく過去の歴史を学ぶことは、持続可能な社会を目指す時のヒントを得ることにもなる（21世紀に入り、欧米を中心とした成熟した国のパートナーシップが揺らぎ始めた）。

　そして A から D の目標をパートナーシップで達成しようと思ったら、SDGs の 4 番目の「質の高い教育をみんなに」がキーワードになることは疑いのないことである。拙著は、このことを強く意識している。

　経済発展により欧米と日本を中心とした多くの人々が豊かになった一方で、一部のアジアやアフリカや中・南米の人々の貧困や政治的不安定がいまだ存在している。経済と環境の問題を国家単位で考えるのではなく、地球規模で協力して解決していかなくては、持続不可能な世の中になってしまうことが、21世紀になると一層鮮明となってきた。「グローバル化した社会を乗り切る」ために必要な能力を、多くの市民が身につけることを求められている時代であると言ってもよいだろう。

　このような時こそ、しっかりとした証拠や根拠にもとづく情報や知識を活用し、アクティブ・ラーニングのような学習法で、パートナーシップにより、新しい諸問題を論理的（ロジカル）に解決していくことが重要となってくる。これらの思考を身につけるためにも、義務教育段階からの「生涯教育」が必要に

なってくるということを意識して、66冊の本を選んだ次第である。グローバル化した社会だからこそ、「生涯教育・成人教育」が注目されるとも言える。この視点から私は持続可能な社会にするためには、そしてSDGsを達成するためには、「教育」がキーワードになると考えている。

　持続可能な社会になる可能性を高めるのは、「教育」であることはだれも疑わないだろう。義務教育の小・中学校の時代が重要であることは言うまでもないが、高校生さらには大学生以上の成人教育も同様である。子どもから成人、さらにシニアまでの生涯教育は、持続可能な社会のことを考えるとますます注目を浴びるに違いない。

　生涯教育という視点に立てば、公教育だけでなく民間教育産業の役割もクローズアップされてくるであろう。持続可能な社会のことを考えるなら公教育と民間教育との連携が求められる。民間との連携とは、市民を取り込むということも意味する。現在はお互いに相手の動きをさぐっている状況で、まだ積極的にコラボが展開されていない。

　子どもの学力を向上することだけに目を奪われていると、「何のための教育なのか、何のための学力向上なのか」という重要なテーマがベールに隠されてしまう。受験勉強だけが「学び」だと思い込んでしまう傾向がある。学力を伸ばし、難関大学や医学部に合格することだけが、教育の目標になってしまっている親子もいる。

　生涯学習はシニアの余暇を充実させるための習い事というとらえ方だけでは、不十分な時代になってきた。自分だけの学びだけではなく、外国の人の考え方や世の中の動き、さらにグローバルな出来事に関心を持つことによって、多くの人とのパートナーシップが築かれていくのではないだろうか。

第1章

グローバル化した社会を知る

Overview

　持続可能な社会を考えるには、今私たちはどのような状況におかれているか
を知ることが、必要ではないだろうか。20 世紀に「国際化」という用語が使
われていたが、21 世紀になりよく使われるようになった「グローバリゼーショ
ン（Globalization）」と、どのような違いがあるのかをまず押さえておきたい。

　国際化（Internationalization）は第二次大戦後に主に経済の分野で使われた用語
である。国際貿易、国際経済、国際社会といった用語を目にすることが多かっ
たのではないだろうか。これは、国民や国家を基本単位とし、相互に経済や文
化や人が交流するということを意味している。

　これに対してグローバリゼーションは、「国境のない」ことを最大の特徴と
する「世界」を指す用語である。人、商品、貨幣、情報、技術、文化などが国
境を越えて移動したり伝わったりする時代になった。このことを地球（Globe）
規模での大きな社会変動ととらえる社会学的発想の言葉が、グローバリゼー
ションと言ってもよいだろう。国境を移動して交流する主な手段は、20 世紀
までは自動車・飛行機・船であり、情報や文化は電話やラジオやテレビといっ
た通信機器であった。21 世紀に入ると ICT 機器による手段が圧倒的な量とな
り、情報や文化はインターネットで瞬く間に大人だけでなく子どもにも拡散し
ていく時代となった。国単位でなく、個人や個別の企業単位でのグローバルな
つながりが注目されるようになってきた。その象徴的な出来事がヨーロッパに
第二次大戦後にできた EEC → EC → EU という連合体の組織である。経済交
流から文化交流、さらに人の交流が常態化すると、国境はなくても、という発
想になってくると思われる。文明化される以前の共同体と違ったコミュニティ
といった組織といえるだろう。

　東南アジアの ASEAN や AFTA といったゆるやかな共同体も増えてきた。南
アメリカにもそのような動きがある。第 1 章はグローバル化した社会の現状
がわかる本を 8 冊選んでみた。ほとんどがここ 15 年で出版されたものだが、
07 節は 50 年以上前に書かれた古典になるかもしれない。

猪木武徳
『戦後世界経済史
——自由と平等の視点から』
(2009 中央公論新社)

　近年、教育と経済がリンクした論考が多くなった。特にグローバルな視点からの論文や著作が目立つ。OECD が火付け役と思われるが、当然文科省の教育政策も、日本の経済成長を視野に入れている。2020年から大学入試が「問題解決型能力」に関した問題に変化していくことは、マスコミを通して多くの人々が知るところとなった。しかし今教育の世界で経済が重要視されるのはある程度理解できても、直近の経済状況を認識している人は意外と少ないのではないだろうか。

　今回紹介する本は、サントリー学芸賞や吉野作造賞を受賞した経済学者が著した経済史で、注意深く読むと、現在の経済状況や教育の役割がよくわかる内容となっている。主に戦後（1945年以降から2008年頃まで）の世界経済の動きを簡潔に述べているので、世界全体の流れをつかむことができる。欧米だけでなく、日本・アジア・中南米・アフリカを含めたグローバリゼーションのうねりが時系列で理解できるので、現在の混沌とした世界状況を把握することができる。ビジネスマンだけでなく教育関係者にも役立つ経済書となっている。

　この本は自由と平等という視点からの世界経済史である。今まで世界経済史と言えば日本の教育界では欧米と日本が中心であったが、それに加えて中国や東南アジアを主としたアジア地域の記述が多いのが目立つ。

　中国・韓国のことは隣国なので、ある程度知っている日本人は多い。しかし、東南アジアはまだしも、中南米やアフリカの状況になると、よくわからないという人もいるのではないだろうか。グローバル化を強く意識し、一部の人しか知らなかった経済情報も提供しているので、これからの日本社会や世界がどうなるかを考察するのに役立つ。また1980年代から1990年前後にソビエトを中心とした社会主義諸国はほとんど崩壊したが、経済学的見地からその理由を明

解に述べている。閉鎖された経済圏では発展が限られてしまうと解釈できる。これも未来のグローバル化した社会を考える上でたいへん参考になる論考である（※）。

　第二次大戦後の世界は、19世紀から20世紀中頃までの産業化された社会に比べても、急激に変化したことはだれもが認めるだろう。この間、資本主義社会の陣営の経済政策は競争を是とした市場化を軸に展開されてきた。しかし国が介入して所得再分配により民主的な平等な社会を築くか、それとも市場経済を全面的に信頼し、格差の拡大を必要悪とする「新自由主義」の社会を築くのか、といったせめぎ合いが行われてきた。国が介入する平等か、それとも国の役割を少なくして規制を緩和して自由を優先するのか、ということでもある。これは政治と経済の問題であり、この著作では「経済の政治化」と表現している。政治の意向で経済政策が決まるということは、政治家に「忖度」した経済政策になりがちになることも意味する（この本は2009年刊行である。2017年の流行語になる前に、忖度ということばで政治と経済の関係に言及していたことになる！）。

　ここで重要な問題点が浮かび上がってくる。政治によって経済政策が変わるが、政治家を選ぶのは国民（現在日本では18歳以上の男女）である。政治家がどれだけ経済に精通しているかで、国民のための経済政策になるかどうかが決まる。しかしその前に、政治家が行おうとしている政策を国民（市民）がどの程度理解できるかがたいへん重要である。このことはサブプライムや東日本大震災（3.11）を経験し、気づいてきた方も多くなったのではないだろうか。立憲主義にもとづいた市民社会が形成されていることが重要であるが、それを無視した政治では健全な社会にはならない。

　ここ20年教育改革のことがさかんに議論されているが、ICTやAIなどの科学技術や英語のスキルを身につけること、そして国家主義的なイデオロギーで国をまとめようとすることばかりが注目されがちである。教育は労働のスキルを向上させるだけでなく、健全な市民社会を成立させるためにも必要であることが、この本を読むとよくわかる。

　市場原理を原則とする資本主義か、それとも計画経済を主とする社会主義か、議会制民主主義か、それとも一党独裁の国家か、消費税も含めた所得再配分を是とする福祉国家を目指すのか、という選択を求められる時代になってきたのではないだろうか。自分なりの納得できる選択をするためにも、歴史を学ぶこ

とがますます重要になってくる。著者は教育の大切さを、「むすびにかえて」の最後で「日本のような経済の先進国でも、市民文化や国民の教育内容が劣化してゆけば、経済のパフォーマンス自体も瞬く間に貧弱になる危険性を示唆していると考えると、知育・徳育を中心とした教育問題こそがこれからの世界経済の最大の課題であることは否定すべくもない」と書いている。教育関係者及び子どもの将来のことを考えている人々必読の書の１つと思われる。

※「社会主義経済の帰結」のところで猪木氏は、社会主義の計画経済システムの破綻を次のように述べている。

　「社会主義の計画経済システムの破綻は何を意味していたのだろうか。ひとつは、経済社会の中に公有・公営・公共的消費といった公的領域は確かに存在するが、使用・収益・処分を自己責任の原則で行う『私的所有』の機能が根本的に重要だということが再認識されたこと、競争をベースにした労働への報酬制度と勤労意欲の関係が生産システムを作り上げる場合きわめて重要なこと、言い換えれば、労働には『励み』となる適度の報酬が必要なこと、そして計画経済がさまざまな経済環境の変化に対応する能力において著しく劣っていたことが明らかになった。さらに社会主義体制は変化への対応能力の鈍い膨大な官僚群を生み出しただけでなく、党エリートたちの特権にからむネポティズム（縁故主義）・不正・腐敗が抜き差しならないところまで進展していた。」

--- **目　次** ---

02

杉山伸也
『グローバル経済史入門』

(2014 岩波書店)

タイトルそのままのグローバルな経済史である。なぜ今「経済史」なのかと思う方もいるかもしれない。しかし本のタイトルを見て「はは〜ん、なるほど」と納得した方も多いのではないだろうか。最近とみに「グローバル」という用語を耳にするようになったのはなぜなのかがよくわかる。

2014年11月20日に「初等中等教育における教育課程の基準等のあり方について」という諮問文書が出された。その内容の最初の部分だけを次に引用する。「今の子供たちやこれから誕生する子供たちが、成人して社会で活躍する頃には、我が国は、厳しい挑戦の時代を迎えていると予想されます。生産年齢人口の減少、グローバル化の進展や絶え間ない技術革新等により、社会構造や雇用環境は大きく変化し、子供たちが就くことになる職業の在り方についても、現在とは様変わりすることになるだろうと指摘されています。…成熟社会を迎えた我が国が…新たな価値を生み出していくことが必要となります…」。

この通達により、アクティブ・ラーニングやコミュニケーション能力が脚光を浴びてきた。当然グローバル化した社会を前提とした内容となっている。この部分を読むだけで、経済のことを今まで以上に重視した諮問文書となっていることがわかるであろう。社会経済のしくみから立て直すという意気込みは読み取れる。

グローバル化した社会という概念は、「グローバル経済」が土台となっている。ところがグローバルの意味を知っていても、「グローバル経済」について知っている教育関係者はほんの一部ではないだろうか。私も「グローバル」という言葉をよく使う。しかしグローバル化していく経済についてはあまり知らないことに、最近気がついた。グローバル化した社会や経済という言葉が一人歩きしているように思っていたところに、この本に出会った。グローバル経済

史は、一昔前なら世界経済史、又は西洋経済史という題名がついたのではないだろうか。そのようなことを考えながらこの本を読むと、なぜ今グローバル化した社会になってきたのかが、時系列でよくわかる。今までにない経済史となっている。

　日本経済史、西洋経済史、イギリス経済史、といったジャンルの文献はかなりの数だが、この本はアジアの経済史が中心で、その周りにヨーロッパやアメリカ合衆国がある。今までの経済史とは発想が180°逆転しているのが特徴である。プロローグのところで「グローバル・ヒストリーは…むしろヨーロッパ中心史観にもとづく歴史解釈に対するアンチ・テーゼとして提起されたものである」と述べていることからも、わかるであろう。

　私が驚いたのは、16世紀から19世紀初めの頃までは、アジア諸国はヨーロッパ諸国に比べて GDP が常に 2 倍から 4 倍の規模であったことだ。19世紀末頃にようやく両地域とも同じ程度になり、20世紀初頭に西ヨーロッパ諸国（特にイギリス）の GDP が急激に増え、アジアを凌ぐようになった。15世紀から19世紀にかけてはアジア地域の貿易は活発に行われていたことになる。また中国や日本や東南アジア諸国は独自な経済発展をしていったことが、この本を読むとよくわかる。

　これからの教育はグローバルな観点が要求されるが、経済のグローバル化が中心になることは明らかである。現在のグローバル化した社会が抱える様々な問題がこの本を読むと見えてくる。我々はヨーロッパとアメリカ合衆国を中心としたグローバル化を考えがちだが、東南アジアへの視点も忘れてはいけないことを想起させる内容となっている。これらの諸問題を解決していくことの大切さを伝えるのが、教育の重要な役目であるが、この本はグローバル化した社会のことを知る手がかりになるに違いない。

03

羽場久美子

『グローバル時代のアジア地域統合
――日米中関係と TPP のゆくえ』

(2012 岩波書店)

　明治以降の日本の教育システムは、欧米に追いつくために考えられたといってもよいだろう。戦前は複線的、戦後は単線的な制度であったが、前者はエリート層養成を主眼とし、後者は全員参加型の制度なので、市民全体の学力を底上げする装置になっていた。戦前の日本の教育制度は欧米に追いつく（キャッチアップ）ために好都合であったことは、歴史が証明している。

　1950年代後半から1970年代前半にかけての日本の高度経済成長は、経済活動が盛んな欧米諸国から驚異の目で見られたことは周知の事実である。この時企業が求めたのは、一定の基準を保った均質の大量の労働力であった。これに応えたのが単線的な教育制度であった。OECD を中心に、日本の教育制度を組織的に調査・研究する動きが1970年代からしばらく続いた。教育に関しては、中国や韓国や東南アジア諸国が日本をお手本としたとしても不思議ではない。

　ここ20年、政治的に落ち着いてきたアジア諸国が増えてきた。それと同時に教育に力を注ぐようになったのは、自立した経済発展によって安定した国を目指しているからである。モノカルチャー的な農業国が、欧米の従属国的立場から近代化を目指すには、教育が重要であることは言うまでもない。

　従来は教育産業が海外展開するのは難しいと言われていた。政治体制、言語、文化風習などの違いを克服するのが大変であると思われていたからだ。新しい教育制度を確立し、ハード（建物など）を構築し、ソフト（教育内容）も最初からつくっていくのは時間もお金もかかることがわかっている。そのため日本のような国から、ソフトの部分である教材（主に算数・数学など）や教具の使い方や教えるノウハウを導入するのが合理的であると考える国が出てきた。

　一方、日本では子どもの人口が減り続け、特に義務教育関連の教育産業は頭打ちとなってきている。中国やインドを含めたアジア諸国が求めている教育と、

日本の教育産業が供給しようとしているものが一致してきたと思われる。

　アジア地域では日本の教育ノウハウを求め、日本の教育産業はそれに応え、これらの地域に本格的に進出しようとしている。アジア諸国から見れば経済の発展の基礎をつくり貧困から脱出することに、日本から見ればサービス業の輸出で（日本国内の）雇用を創出し、さらに相手国に社会貢献をすることになる。双方が win win の関係になれば、アジア地域の平和に貢献することになる。

　今、中国やインドをはじめアジア地域の経済力は飛躍的に伸びている。日本は欧米に目がいきがちであるが、成長著しいこれらアジアの国では、まず経済を中心とした統合を目指している。その中心になっているのが1967年に設立された ASEAN（東南アジア諸国連合）であり、その流れで最近話題になったのがTPP（環太平洋パートナーシップ）である。

　このブックレットを読むと、EU も含め今なぜ地域経済統合なのかがよくわかる。特にアジア地域統合の動きは加速され、日本が取り残される恐れがあることも詳しく述べている。これからの教育は自国のことだけでなくグローバルな視点が必要だが、我々は欧米に目がいきがちである。しかし日本のパートナーとしてアジア諸国の存在がますます大きくなってくることが、この本を読むと納得できる。

　すでに教育産業の大手である学研やベネッセなどはアジア諸国に進出しているが、それらの国の経済や国政の状況をしっかりとらえておくことが必要ではないだろうか。これからのアジア諸国は、経済の地域統合をきっかけに急速に発展していくことが予想できる。教育関係者を意識した本ではないが、このような状況を読み解くのに役に立つ内容だ。アジアの教育や経済や政治に関心のある方や、そこで何らかの仕事をしたいと考えている方にとって、読み方によってはやるべきことのヒントをたくさん見つけることができる本ともいえる。

―――――――――――――― 目　次 ――――――――――――――

04

宮島喬

『ヨーロッパ市民の誕生
——開かれたシティズンシップへ』

（2004 岩波書店）

　現代のグローバル化した社会は、以前にも増して事態は混沌として予断をゆるさない局面を迎えている。2019年1月には、イギリスのEU離脱の案が議会で大差で否決された。イギリスの首相が交代してもどうなるかと思われていたが、2019年12月12日に行われた総選挙で保守党が過半数議席を獲得した。ドーバー海峡を挟んだ向かい側のフランスでは、マクロン政権に対する抗議デモが2018年の末に勃発した。燃料税に対する反対のデモであるが、富める層と生活苦の層との対立ととらえることもできる。スペインではカタルーニャ州の独立問題で政権が一時不安定になった。そして難民を人道的な立場から受け入れていたドイツのメルケル首相は、2018年の選挙では苦戦を強いられた。移民の多いヨーロッパの国々では、極右政党が台頭してきた。

　ヨーロッパ諸国ではEEC（1957年）から始まった経済統合の動きが、1993年のマーストリヒト条約の発行によりEUとなった。1つ1つの国の体制はそのままにし、人々の行き来とお金の流れが自由になり、共通な通貨「ユーロ」がお目見えした。いよいよ「ヨーロッパ市民の誕生」と思った方も多いのではないだろうか。それが25年もたたないうちに、様々な問題が発生し広まっているニュースを見て、「ヨーロッパとはどんなところなのか？」と改めて考えさせられてしまう。

　ヨーロッパは本当に「統合」できるのだろうか、EUに参加しているそれぞれの国は、自分の国とEUとの関係をどのようにとらえているのか、EUは加盟国に対してどのような法的な権限があるのか、アメリカ合衆国のように、各州が集まって1つの国を形成するのか、といった疑問が次々と浮かんでくる。

　EUになると国境を越える時の手続きが楽になり、ユーロという貨幣が原則として使えるので観光する時に便利になった。そのような利点ばかりに、私た

ちはつい目がいってしまう。ヨーロッパ大陸の国々は、近代ヨーロッパと言われている16世紀以降だけでも、多くの国が現れたり消えたりしていることは、高校の世界史の教科書を見るだけでもわかる。国名だけでなく、国境線をよく見ると頻繁に変わっていることが判明する。これは比較的狭い場所に多くの民族が生活し、紛争が絶えず勃発していた証とも言えるだろう。現にドイツとフランスでは国境をはさんで、領土を取ったり取られたりしていたという歴史がある。ここ100年では、第1次世界大戦と第2次世界大戦でヨーロッパが主戦場の1つとなり、今までとは違った規模の犠牲者と経済的損失と国土の疲弊をもたらした。

　また1950年代は東（社会主義）と西（資本主義）の対立が激化していった時代で、核戦争がいつ起きるかわからないといった社会情勢であった。多くのヨーロッパの国々の市民は、再び戦争をしてはいけない、もし今度戦争が始まったら、ヨーロッパは二度と立ち直れない、そう思ったに違いない。彼らは民族がからんだ悲惨な争いをくり返してきたので、その重大さをよく知っていたからである。EUはこのような歴史的背景があって成立したと言ってもよいだろう。

　ここで取り上げたのは、今の混沌としたヨーロッパの諸問題がわかる本である。フランスやイギリスは1950年代からすでに多民族国家であった。フランスはケルト人、ラテン人、フランク人などの混成民族が住んでいたが、そこに植民地からの移民（アルジェリア、モロッコなど）が1950年代に流入してきた。イギリスはインド・パキスタン、カリブ海諸国などから、オランダは旧ギアナなどから流入してきた。そして1990年代以降になるとインドシナ・中近東・アフリカ・ラテンアメリカと広範囲に及ぶ。

　このように現代の多くのヨーロッパ諸国は多民族国家となりつつあり、そのような国々が集まりEUが成立したことがよくわかる。統合することによって、それぞれの国や民族の主権はどうなるのか、市民の権利は、アイデンティティは、といった疑問が途切れることなく浮かんでくる。EUにより「ヨーロッパ市民の誕生」となったが、そのキーワードは「シティズンシップ」であると書かれている。邦訳では「市民権」となるが、もっと広い意味で使われている。著者の言うシティズンシップとは次のとおりである。

「近代国家の下でのシティズンシップは、だいたい次の六つの要素を含めて考えられてきた。①平等な成員資格、②意思決定への参加の保障、③社会的保護と福祉

の保障、④共同体への公認の帰属、⑤義務の履行、⑥共同体の正統性の観念の共有。

④についてはたいてい一元性（単一国籍、国籍にもとづく下位共同体への帰属）が原則とされ、⑤については納税、兵役を中心とした義務があげられ、⑥は一般に伝統、歴史、文化（言語、宗教など）などにもとづく表象である。

そして④、⑤は、しばしば①、②、③を認めるか認めないかの基準ともされた。すなわち、女性と未成年者は長らく、⑤を理由にシティズンシップから排除されるか、その受動的享受者とされてきた。外国人や無国籍者は主に④を理由に、また場合によっては⑥に関連づけて文化的相違を理由に、全面的又は部分的に排除されてきた。」（このことに関しては第7章66節の『反転する福祉国家』を参照のこと）。

日本も少しずつ多文化共生社会になってきた。中国、ブラジル、韓国、さらにタイ、ベトナム、マレーシア、カンボジア、ミャンマー、バングラデシュといった東南アジア諸国の人々が、日本で働く姿を見るようになった。多文化主義についての教育も必要な国は欧米だけではなくなってきた（原則として非英語圏の国々であることに注視！ 第1章08節参照）。世界各地に生じている現象である。

グローバル化した社会を読み解くヒントになる記述が豊富である。「グローバル」ということばは教育界でもますます注目されるが、その実態を知るベーシックなテキストとして読むことができる（ヨーロッパのシティズンシップに関しては次の05節と06節も参照のこと）。

―――――――――――――――― 目　次 ――――――――――――――――

エマニュエル・トッド
『問題は英国ではない、EU なのだ
──21 世紀の新・国家論』
(2016 文藝春秋、堀茂樹訳)

「教育」と「グローバル化した社会」がワンセットとして語られることが多い。特に OECD が PISA を実施しはじめた2000年以降目立つようになった。この「グローバル化した社会」について深く掘り下げて考えるヒントが、たくさん埋もれている本である。

グローバル化した社会とは、文明が発達し、産業革命をきっかけとして人間の生産活動や行動範囲が一段と広くなり、国と国との経済及び人的交流が活発になってくる社会というイメージを私はもっていた。

1930年代のブロック経済により第二次大戦へと進んだ反省から、関税を低くする貿易理論が推奨された。大学の経済学の講義で、リカードの比較生産費説を学んだ方も多いのではないだろうか。自由貿易によって双方の国が win・win の関係になることが何となくわかる理論だった記憶がある。商品の大量生産が可能となり多国籍企業が増えることによって、国と国との壁を意識しない社会に向かっているのが、グローバル社会と認識されている。その一つの事例が EU であると言われてきた。

アメリカ合衆国・中国・EU・ドイツ・イギリス・フランスなどの経済状況や社会情勢はマスコミなどを通じて、その実態を知っている人も多いと思われる。ところが、EU の具体的なこと、例えばドイツの経済は順調だが、フランスやイギリスよりも人口構成は高齢化が進み日本に近いこと、フランスの失業率はドイツの約２倍であること、ドイツの家族構成は日本の直系家族制と似ていて、フランスの核家族制とは違っていることなどは、どれほどの人が知っていたであろうか。

ヨーロッパはアングロサクソン系でカトリック又はプロテスタントが多数を占める国が多く、アジアとは異なる文化が根付いていると私は勝手に考えてい

た。日本の農村共同体の家制度は、近代ヨーロッパとは根本的に違っていると思っている人が多いと思われる。しかし家族制度1つとってもヨーロッパの国々の間ではかなりの相違があり、むしろドイツのように日本の家族制度に近い国もある（明治時代ドイツを参考にして1889年に大日本帝国憲法を発布したことを思い出してほしい）。EUという組織が長い年月をかけて完成しつつある現実を外から見ていて、共通な文化が多いからできると思い込んでいた。しかし現実はそれぞれの国によってかなり違うことに気付かされたのが、英国のEU離脱である。

　この本のタイトルは「問題は英国ではない、EUなのだ」となっているが、歴史人口学者である著者は、家族構造をキーワードにして、英国のEU離脱、中東諸国の不安定な状況、IS（イスラム国）のテロの問題、ドイツとイギリスとの対立、さらにドイツとフランスとの歴史的な微妙な関係を明らかにしている。また中国がなぜ膨張路線をとりつづけるのか、トランプ現象は何が原因で生じているのかを、著者は人口動態に着目して論じている。

　今までのグローバル化した社会論は、マクロ経済学の様々な資料による数式や統計による分析か、社会学からの文明論的なものが多かった。しかし、本書は長期間（18世紀から21世紀にかけて）の資料を整理し図表やグラフで示しながら論を進めている。語弊があるかもしれないが、マクロ経済学からのアプローチをデジタル的と仮に呼ぶとすると、エマニュエル・トッド氏の手法はアナログ的なエビデンスで論を進める研究と言える。そのため緻密な数式で論を進めることに慣れている人には、著者の分析方法は粗いと感じる方もいるかもしれない。しかしこの本を読むとグローバル化した社会を鳥瞰することができるに違いない。今のグローバル化した社会とはこういう状況だというのがわかる。グローバル化した社会とベクトルが逆になったと思われる現象が多発している。英国のEU離脱や米中の貿易紛争がそれを象徴している。そこには移民の問題が存在することは明らかである。

　エマニュエル・トッドは「英国EU離脱とトランプ旋風は、英米という発祥地でのグローバリズムの終焉と『国家』への回帰を意味する。家族構造の変遷が明らかにする『国家』の重要性。未来は歴史からみえてくる！」と主張している。

　著者の結論に反発する方もいると思われるが、様々な問題が噴出しているグ

ローバル化した社会の現状を知るにはコンパクトなので、教育関係者にもぜひ
読んでいただきたい本である。

※英国のEU離脱には、アイルランドの複雑な宗教対立があることを忘れてはならな
いだろう。英国領の北アイルランドにはプロテスタント教徒、南部のアイルランド
共和国にはカトリック教徒が多く住んでいる。2つの宗教の対立は400年以上続いて
いたが、1990年代に入って沈静化した。しかし英国のEU離脱でまた紛争が再燃す
る懸念が出てきた。

近藤康史

『分解するイギリス
──民主主義モデルの漂流』

（2017 筑摩書房）

　民主主義という政治的な視点から、もう1冊イギリスに関する本を紹介したいと思う。

　現在（2019年11月時点）の日本の政治は憲法にもとづいた議会制民主主義の危機であることが、識者やマスコミ関係者を含めた多くの人々に認識されるようになってきた。1990年代中頃から、小選挙区制を導入して二大政党制を目指したのは、二大政党が世論をくみ取り、議会が熟議のうえで意思決定して、強い首相が政策を実現するためだと言われている（朝日新聞2018年1月29日）。議院内閣制の英国をモデルにしたことは言うまでもない。

　この選挙制度が定着するにしたがって、市民と政治家と官僚との関係がギクシャクしてきたことは、ここ数年の国会の混乱や選挙（都議選挙・衆議院選挙・参議院選挙など）の結果を見れば明らかである。最近は英国に関する報道を目にするようになってきたが、二大政党制の大先輩である英国が注目されるのは当然なのかもしれない。しかし2016年6月の国民投票によって、英国は「EU離脱」を選択し国論が二分され、今までにない各政党間及び政党内での対立が激化していることが、世界中に知れ渡ることになった。

　保守党と労働党の二大政党だけでなく、UKIP（英国独立党）、自由民主党、SNP（スコットランド国民党）などが投票率及び議席数をここ10年で伸ばしてきた。しかも分裂はしないが保守党や労働党の内部での、政策での対立も激しくなってきている。

　英国のEU離脱の後に行われたアメリカの大統領選挙で、自国利益最優先のトランプ大統領が誕生した。これらの現実を見て多くの識者はこれからの議会制民主主義はどうなるのか、という疑念を強く持つようになったのではないだろうか。ちょうどそのような時に『分解するイギリス』という、気鋭の政治学者

が書いた本に出会い、私は改めて民主主義の大変さと大切さを知ることができた。

　理想とする英国の議院内閣制を目指した日本だが、その国が分解していくかもしれない、という危機感を多くの日本人は持ち始めたのではないだろうか。理想的なモデルとした英国の民主主義制度が漂流し始めているが、ではなぜこのような現象が生じたのかを検証することが我々には必要である。心理学の世界で最近よく使われるようになった「メタ認知」を活用しながら05節の本とは別の角度から読むと、英国の民主主義の歴史がよくわかり、我々日本人に何らかのヒントを与えてくれるに違いない。

　ヨーロッパの政治に詳しい著者でさえ、英国が「2016年にEU離脱」を決定したことに、かなりの衝撃を受けたと告白している。2015年の英国の総選挙結果では、保守党の議席数は331（英国の下院の総議席数は650）で単独過半数を獲得していた（投票率は40％弱なのに議席数は過半数という状況は、今の日本と酷似している）。当時の保守党党首であるキャメロン首相は、もともとEU残留派であった。しかし保守党内ではEU離脱派の勢力が増し、しかもUKIPが党勢を伸ばしていたため、国民投票で決着しようとしたのが実情だと言う。一方、労働党は残留派が多かったが、国民投票では意見が分かれ対立が激しくなってしまった。保守党及び労働党は分裂はしていないが内部対立が激化し、今までのような安定した二大政党制というイメージからは程遠い状況となりつつある。

　日本がお手本とした、そして今もお手本としようとしている英国では二大政党制が分解しつつあることを、実証的に分析している本である。著者はこの英国の現状を次のような箇条書きで簡単にまとめている。

①二大政党制：主に得票率における多党化が進んでいる。

②小選挙区制：維持されているが、部分的には効果の弱まりも見られる。

③政党の一体性：政党横断的な争点により政党内対立が目立ち、一体性は以前より弱まっている。

④執政―議会関係：有権者の直接的支持を基盤とした執政への集権化が試みられている。

⑤単一国家：分権化が進んでいる。

⑥議会主権：国民投票や大統領制化、分権化との関係で、その価値が問い直されている。

結論は次のようになっている。

　イギリスの政治を考える場合には、単に先進的な取り組みとして「モデル」化するのではなく、すでに生じている変化やそれが生み出している問題点にも目を向け、「学ぶ」ということが必要になるだろう。「モデル」にはならなくても「学ぶ」ことはできる。これが、本書が示すイギリス政治への立ち位置である。この本を紹介したのは、英国の政治の制度は日本の将来を見ているように思えてしまうからである。もはや英国をモデルにはできないが、そこから「学ぶ」ことは可能なのではないだろうか。今の混沌とした日本の危うい立憲政治を考えるヒントになることは間違いないだろう。立憲政治が維持されなければ、持続可能な社会は難しくなることは明らかである。

　（注）2019年12月12日英国総選挙の結果。下院650議席中、保守党365議席。

07

ガルブレイス
『ゆたかな社会 決定版』

(2006 岩波書店、鈴木哲太郎訳)

　「大衆消費社会」というフレーズを50歳以上の方はどこかで聞いたことがあるのではないだろうか。「一億総中流階級」という言葉も45年程前から流布していた。これらは1950年代後半から1970年代前半まで続いた「高度経済成長期」後の、日本の消費社会の状況を表現した用語であった。

　1960年代に、「ゆたかさ」をテーマにした２冊の本が出版された。１冊は経済学者ガルブレイスが書いた『ゆたかな社会』で、もう１冊は社会学者リースマンが書いた『何のための豊かさ』である。前者は1960年に発売してわずか５年で11刷まで版を重ね、専門書なのにちょっとしたベストセラーとなった。後者は1968年発売で１年間で３刷まで版を重ねた、ロングセラーの社会学のテキストである。この２冊は今でも経済学や社会学の参考文献によく取り上げられている。

　今回紹介する『ゆたかな社会 決定版』は2006年に出版された文庫版である。1960年の初版は25章で成り立っていたが、文庫版は24章となっている。初版の12章の「国防という幻影」を削除したためである。何回か改定を重ねているロングセラーの本にはよくあることだ。もう一人の著名な経済学者Ｐ・サムエルソンの『経済学（上・下）』と同様である（Ｐ・サムエルソンはノーベル経済学賞を受賞したが、ガルブレイスは縁がなかった）。

　この『ゆたかな社会』はリースマンと同様アメリカ社会を分析したテキストである。ガルブレイスは経済学者なので、「生産と消費」という経済の基本的なところから論を進めている。経済学の専門書であるにもかかわらず数式がまったく出てこない。数式を使わないで社会現象を分析しているので、一般の人でも読みやすい作品となっている。数学を多用する現代の経済学界からは、異端児と見なされることも多々あった。「ガルブレイスは経済学者ではなく社

会学者である」と言う人もいたぐらいである。

　ガルブレイスとリースマンの本の中に、実は共通した経済学の著作の引用が出てくる。19世紀の末に出版されたS・ヴェブレンの『有閑階級の理論』である（第3章20節を参照）。現代のゆたかな社会を論じるには避けて通れない古典中の古典である。S・ヴェブレンも社会学者と見なされることもあり、異端の経済学者とも言われた。ガルブレイスとヴェブレンは活動していた時期は60年近くも離れているが、2人とも傍流であるという共通点があるのは偶然ではなさそうである。

　ガルブレイスの『ゆたかな社会』は、主に1950年代のアメリカ社会の「生産と消費」という経済学的観点から分析した「社会経済論」である。1960年代から1970年代にかけて、アメリカのゆたかな消費生活の様子が活字や映像で日本に輸入されていた。「パパは何でも知っている」「奥様は魔女」といったアメリカのホームドラマやコメディをテレビで見ていて、日本とアメリカの消費のスケールの違いに驚き、ゆたかな消費生活にあこがれていたのが1960年代である。敗戦の痛手からまだ回復していない日本人には夢のような幸せそうな家庭を、テレビや映画や雑誌で見て育ったのが、団塊の世代と言われている人々である。一戸建ての家の庭に大きなアメ車があり、広いリビングに大きな冷蔵庫やクーラーや掃除機などがある。理想の文明国のような「ゆたかな社会」がアメリカであった。

　ゆたかな社会は幸福な社会なのかそうでないのか、人類にとって重要な課題であり難問である。このことを経済学者の目から論じた戦後では最初の本と言ってもよいだろう。気になる目次を書き出してみよう。第7章 不平等、第8章 経済的保障、第9章 生産の優位、第14章 インフレーション、第23章 労働、余暇、新しい階級。

　これらの章を見ても、現在の日本がかかえている経済や社会問題と共通している課題が多いことがわかる。

　次のガルブレイスのことばは名言である。

「長時間の退屈で陰うつな労働がその対価であるというのに、人びとはなぜ所得を最大限にしようと努力すべきなのであろうか？　しかも、財貨はますます豊富になり、緊要性が低下しているというのに、人びとはなぜそうすべきであるのか？　そうでは

なくて、生活のすべての時間の報いを最大限にしようと努めてはなぜいけないのか？ そしてこのことが最も理解力のある多数の人びとにとって明瞭な望みとなっている以上、それを社会の中心的な目標とすべきではなかろうか？ そして今やこの主張を完結するものとして、進歩の設計ができているのだ。それは教育である。あるいはもっと一般的にいえば、物的資本とは区別された人的資本への投資である。」

　ガルブレイスは60年以上も前に、すでに「教育と経済と幸福」の関係について言及していた経済学者であった。
　参考までに文庫本の訳者である鈴木哲太郎氏の「訳者あとがき」の一部を引用しておく。

　「冷戦の終了によって生まれた新しい時代には、彼（ガルブレイス）が憂慮していた軍拡競争は終わったが、富裕層や企業に有利な税制改正によって貧富の格差は広がり、社会一般の考え方も保守化した。…ガルブレイスは、社会がゆたかになれば、余裕ができるわけだから、人はあくせくする必要がそれだけ少なくなり、また、ゆたかさの恩恵にあずかれない人のためにできることも当然多くなるだろう、と考えていたのであるが、現実の成り行きはそうはならなかったのである。」

　これは20世紀終わりから21世紀の初めの頃のアメリカ合衆国のことを示しているものと思われる。この事実を見たとしたらガルブレイスは落胆したに違いない。しかし我々に「ゆたかな社会」での幸せとは何かを、あらためて考えさせられる本であることは確かである。富を得た成功者とそうでない貧困者は共に「保守的」であることを見事に120年前に看破したのは、S・ヴェブレンであったことを付け加えておく（S・ヴェブレンに関しては第3章20節を参照）。

―――――――――――――――――― 目　次 ――――――――――――――――――

08

鳥飼玖美子
『英語教育の危機』

（2018 筑摩書房）

　帯には「2020年、この国の英語教育はどうなる」と書かれている。著者は
アポロ11号の月面着陸や大阪万博などで活躍した、同時通訳者の草分けの一
人である。英語教育が2020年からかなり変わり、特に大学入試が大幅に変更
になることは、子どもがいる保護者は気になるのではないか。私は少しは英文
が読めるが、会話ができないという典型的な日本人なので、「会話ができるよ
うになるならいいのでは？」という程度の考えであった。

　ただここ10年の英語教育の大きな流れはつかんでいたので、何となく現場
の教師は大変なのではと想像していた。小学校5年・6年で英語が実施されて
いたが、教科ではないということで、ちまたではあまり話題にならなかった。
2020年度からは小学校の英語も教科となり教科書が配布される。

　5年程前から高校の英語の授業では原則として日本語は使用しない学校があ
るという話を聞いて、「日本語もちょっと心配な高校生に英語で教えるのは無
理では？」と直感的に思っていた。教える教師が大変であるのは言うまでもな
いが、かなりの高校生は英語が苦痛になるのではと予想していた。

　英語の教育改革で思い出したのは、30年程前から中学英語の教科書の作り
方が変わったことである。読解中心から会話形式の英文がよく出てきて、公立
の学校では文法をあまり教えなくなっていた。学習時間は週3回程に減った時
があり、これで英語が身につくのかと心配であった。そしていつのまにか発音
記号や筆記体の指導がなくなっていたのにはびっくりした記憶がある。

　この程度の英語教育の知識であったが、中学や高校は大変なことになるので
はと思った。中学の今回の新しい学習指導要領は、次のようになっている。
「（1）外国語の音声や語彙、表現、文法、言語の働きなどを理解するととも
に、これらの知識を、聞くこと、読むこと、話すこと、書くことによる実際の

コミュニケーションにおいて活用できる技能を身につけるようにする。

（2）コミュニケーションを行う目的や場面、状況などに応じて、日常的な話題や社会的な話題について、外国語で簡単な情報や考えなどを理解したり、これらを活用して表現したり伝え合ったりすることができる力を養う。

（3）外国語の背景にある文化に対する理解を深め、聞き手、読み手、話し手、書き手に配慮しながら、主体的に外国語を用いてコミュニケーションを図ろうとする態度を養う」。この文言を読み、鳥飼氏は「驚愕した」と述べていた（外国語は実質的には英語と読み替えることができる…小宮山）。

「日本人は読解と文法は強いが会話は苦手だ、これではグローバル化した社会に乗り遅れてしまう」という危機感があった（実は1970年代から、読解も文法も弱い大学生が多かったのだが）。そのため政界、経済界、教育界が英語教育を改革しようと目論み、コミュニケーション（聞く・話す）という言葉が繰り返し出てきている。

中学の英語の時間は、15年前は週3回であったが今回は4回となっている。さらに5回に増やしたとしても、この（1）から（3）までのことを修得できる中学生が何人いるのか、という疑念がまず浮かんでしまう。特に（3）の「理解を深め、聞き手、読み手、話し手、書き手に配慮しながら主体的に外国語を用いて」とある部分は、ほとんどの中学生は無理だということが、教えた経験のある人ならわかるに違いない。教える側のスキルも相当高くなければならないことは言うまでもない。小学5年と6年の新学習指導要領の英語も同様であることを知ると、さらに驚く方も多いであろう。

国語（日本語）の授業でもここまでのレベルに達する中学生は少数派であることは、2007年から再び始まった全国学力・学習状況調査の結果をみれば明らかである（英語にばかり目が奪われていると、日本の子どもの読解力が低下してしまうかもしれない）。

現在の文科省が小・中・高生に求める英語力が相当高いということは、一般の方はあまり知らないのではないだろうか。グローバル化した社会に対応できる能力の1つとして、英語力、それも会話中心のコミュニケーション能力を養成しようという考えだということはわかる。しかし、中学や高校の授業を英語で行い、音声指導をして、習得単語を大幅に増加し、さらに「ビジネスに役立つ」と思われるやりとり（interaction）という技能を身につけることが求められ

ていることが、この本を読むとよくわかる。

　同時通訳のプロで英語が堪能で、英語圏の文化を熟知し、英語教育の経験も豊かな著者は、2020年以降の小・中・高の英語教育に警鐘を鳴らす。大学入学共通テストに民間試験を導入した時の弊害（エントリーするはずだったTOEICは2019年7月に辞退した）、グローバル人材育成戦略と英語教育の関係、中学や高校の段階での英語で英語を教える教育的意義と現場の混乱等、について詳細に論じている。最後の章では、「『コミュニケーションに使える英語』を目指して」として、英語教育への試案も提示している。公教育及び民間教育関係者にとっては、目の離せない新書である。

　2020年以降、小・中・高生は、4技能（読む・書く・聞く・話す）の英語を身につけるための授業を受けることになる。しかしICT機器が発達したグローバル化した社会では、はたしてこの4技能の英語が、社会でほとんどの人に必要なのだろうか。2018年の日本に住んでいる外国人は約260万人と言われているが、その約90％は英語を使わないアジアや南米の人々である。また外国の観光客は2018年で年間約3,100万人で、英語圏のアメリカ合衆国、イギリス、オーストラリア、カナダなどは約8％の250万人である。これらの数字を見れば、グローバル化した社会の外国語＝英語という等式が成立しないのは明白だ。仕事やプライベートでインターネットを活用する場合は、読みと書くことができれば十分である。英語の4技能を必要とする日本人は、商社・金融機関・多国籍の大企業及び大学の研究者などに限られる。そうすると4技能が必要な人は20％あるかないかではないか。話す・聞くは高卒後必要と思った人が学ぶという、今までの方法で十分ではないかということを、この本を読んであらためて思った（2019年11月1日、大学入学共通テストの英語4技能の民間試験は5年先に延期となった）。

第2章

持続可能な社会をさぐる

Overview

　持続可能な社会を目指すなら、開発と環境のバランスをとらなくてはならない。09 節の『グリーン資本主義』は、このことを計量経済学や環境経済学を専門とする経済学者が、一般向けにわかりやすく書いた啓蒙書である。今までの経済社会の大きな流れをつかみ、どの方向に進んだらよいかを考えるヒントになるだろう。10 節は、地球温暖化を科学者の立場から客観的に論じている。地球温暖化のメカニズムが、私のような社会科学系の者でも理解できるように解説している。

　11 節と 12 節では、生活の基盤である地域社会に関したものを 2 冊選んだ。11 節は江戸時代からの都市と農村の生活がわかる本である。日本の自然の中での都市と農村のメリットやデメリットを考えることによって、開発と環境の関係を再認識することができる。ICT 機器を含めた科学技術が発達し、人と人との交流が希薄になるポスト近代社会では、地域のコミュニティが注目されるに違いない。12 節は、あらためて地域に根差した「共同体」について考えさせてくれる内容である。特に 3. 11 の東日本大震災を経験している我々にとっては、重要なテーマと思い取り上げた。

　日本の経済が継続的に再生産していくことが、持続可能な日本社会にするためには不可欠である。労働人口が減少している日本ではどのような経済政策が可能なのかがわかるのが 13 節である。ここでもイノベーションがキーワードとなっている。

　14 節と 15 節では、子育てと経済成長の関係を論じている。14 節は子育て支援をすると、いかに日本の経済成長が持続するかを、様々なデータを駆使して提案している。そして幼児教育がどれだけの経済効果をもたらすかを、RCT（ランダム化比較試験）の方法で証明した貴重な論考が、15 節である。サンプルは少ないが、エビデンスにもとづく経済学者からの教育提言である。ジェームズ・J・ヘックマンは教育界で一番注目されている経済学者と言ってもよいだろう。競争社会での生き方を考えさせてくれるのが 16 節である。競争社会の歩き方を間違える人が多数になったら、持続可能な社会は不可能となってしまうのではないだろうか。

09

佐和隆光
『グリーン資本主義
—— グローバル「危機」克服の条件』
(2009 岩波書店)

　「グリーン資本主義」というタイトルを見ただけで、エコな社会を目指そうとしているのが想像できる。2011年3月11日の東日本大震災を経験した我々は、原発の大災害を見てエネルギーのことを真剣に考えるようになったのではないだろうか。15年程前は原発を推進していた日本の元首相が、今は「反原発」の運動を精力的に行っている。3. 11の2年前 (この本の奥付は2009年12月となっている) に計量経済学者が、現在 (2019年11月) の社会状況を見通していたかのように、経済と環境の問題をグローバルな視点から論じている。

　約50年前に書かれた『社会資本論』(宮本憲一) は、公害や環境を経済との関係から明らかにした論考として知られている。その後25年程してから、環境経済学の学問が注目されるようになった。国連環境開発会議 (地球サミット) が開かれ、1997年に京都議定書が採択された。その頃から中学の理科の教科書には、環境問題がよく取り上げられ、8年程前に改訂された中学公民の教科書には「持続可能な社会」という用語が出てきて、かなりのスペースをさいた項目となっている。

　開発か環境かという問題が、持続可能な社会という用語とともに広く知られるようになった。欧米の先進国 (成熟した社会) は概ね環境を重視し、食糧難や貧困の問題をかかえる発展途上国は、開発も重要課題となっている。また成熟した社会では、多くは経済成長率 (GDP) の低迷に悩んでいる。

　このようなグローバル化した世界を、計量経済学者の視点から分析するだけでなく、どのような方向に進めばよいかの具体的な提案をしている。現在の世界の状況を、ざっくり次のように指摘している。

「耐久消費財がほぼ普及し尽くした先進諸国では、公共投資の乗数効果 (※) (消

費の押し上げと企業投資の誘発効果…小宮山）は、今や微々たるものに過ぎなくなった。今回の世界同時不況（2007年…小宮山）の特効薬は、四兆元にものぼる中国の財政出動と金利引き下げによる内需喚起が奏功したことだった。世界人口の20%を占める中国人の潜在的な需要は「無限」とも言っていいほどの様相である。…ケインズ主義的財政金融政策は、先進国においては、もはや無効と化した。…発展途上国においては、不況対策の特効薬として有効きわまりない。」

このような世界状況の認識のもとに、持続可能な社会を可能にする経済政策は存在するのか、という大きなテーマに挑戦した論考となっている。グローバル化した社会が経済成長を持続させるにはイノベーションが欠かせないことは、ほとんどの経済学者や政治家の共通認識となっている。同時に環境問題を解決していかなくては、人類の存続自体がおぼつかなくなってくることは明白である。著者はこの解決策のキーワードは「環境」ととらえていることは、次の文言でも明らかである。

「20世紀の技術革新は『より速く』、『より強く』、『より大きく』、『より高く』を目指していた。ところが、21世紀の技術革新は『低燃費』、『低炭素化』、『廃棄物最小化』、『再生可能』などを目指すようになった。その意味で、21世紀の先進諸国の経済成長のバネ仕掛けとなる技術革新のほとんどが、環境保全に関連している。」

19世紀から20世紀にかけての経済の発展の原動力・エネルギーは、石炭と石油であったことは言うまでもない。この2つの資源は人類に便利な道具を与えたが、同時に環境を破壊する物質も200年以上にわたって排出し続けている。

1970年にアメリカで自動車の排ガスを規制する法律が制定されたことを、覚えている方もいると思われる。この法律が制定された当時、世界の多くの自動車産業が打撃を受け、中小の自動車製造企業は消滅するのではと言われていた。アメリカの当時のビッグ3（GM、フォード、クライスラー）やヨーロッパの一部の企業は残るが、他は淘汰されると予想する人が多かった。

アメリカやヨーロッパと違い自動車の歴史の浅い日本のメーカーは、2社ぐらいしか残らないのではと真剣に議論されていた。当時の日本の自動車メーカーは、トヨタ、日産、いすず、日野、マツダ、富士重工、スズキ、ホンダ、

ダイハツ、三菱自動車などで、10社ほどあった。車の排気ガスを厳しく規制するマスキー法によって、日本の自動車産業は壊滅的な状況に陥ると予想されていた。

　ところが日本で一番最初にマスキー法をクリアしたメーカーは、自動車部門に参入してまだ日が浅かったホンダ（シビック）であった。世界でも一番乗りに近い出来事であった。そして日本の各メーカーは次々とマスキー法をクリアする車種を開発していったのである。3000cc以上の大型車（アメリカのビッグ3などが生産する車）では、排気ガスの規制をクリアーするのは技術的に難しいということがあった。排気量の少ない日本の車はマスキー法をクリアしやすかったのか、世界中で走り回ることになったのは周知の事実である。

　1970年代に2回あった石油危機で原油の価格が10倍以上に高騰したことも、排気量が少ない自動車を得意とする日本のメーカーにとっては追い風となった。1970年代に存在していた日本の自動車メーカーは、今でもほとんど健在である（トラック・バスも含めて）。1980年代から1990年代にかけ日本のGNPは世界のトップクラス（1人当たりも含め）を維持したが、その原動力の1つが自動車産業であった。そのきっかけは、マスキー法と2度の石油危機によるエコカーが世界に受け入れられたからである。まさにピンチはチャンスであった。その当時の日本企業はハングリー精神で次々とイノベーションを実現していったのである。

　日本はこのように、「環境」に関した技術革新で経済成長したという経験をもっている先進国である、という事実を忘れてはならないだろう。

　1960年代までは造船・鉄鋼が、1980年代から20世紀末までは自動車と電気製品が日本の産業界をリードしてきた。日本は一般的に省エネ対応の製品が多く、四大公害などを教訓に有害物資の除去の技術も発達したと言われている。

　人的及び金銭的リスクが高い原子力発電及び地球温暖化を加速させる石炭の火力発電にこだわり続けると、今の経済停滞を克服するのは不可能であることが、この本を読むと納得する方が多くなるのではないだろうか。

　本書で著者が言いたいことを要約すれば、以下のとおりである。

「地球温暖化対策（気候変動緩和策）は、決して経済にとっての重荷ではない。のみならず、この制約を打破するための技術革新がエコ製品を生み出し、その普及

が、これからの経済成長を牽引するだろう。もっと言えば、先進国経済のこれからの成長を牽引するのは、環境『制約』の克服に資するエコ製品の開発・普及を措いて他には見当たらないのである。」

　しかし現在（2019年11月）の日本の経済団体や政府の考えは、このような動きとは逆の方向になってきている。長期的に見れば「国の経済にとって重荷でない」はずだが、「目先の利益を追う日本の企業にとっては重荷」なのだろうか。20年程前から「物言う株主」が話題になってきた。企業のガバナンスなどのチェックのためではなく、利益を短期間で求める「投機」のための株主が増えたためと思われる。このようなジレンマから脱却する議論がこれからは切に必要な時代になってきた。

※乗数理論…政府が失業対策などで投資したとき、この投資の増加が社会全体の人々の所得を結局はいくら増加させるかを考える理論（『岩波小辞典』「経済学」）。

――――――――――――――――　目　次　――――――――――――――――

10

明日香壽川
『地球温暖化
——ほぼすべての質問に答えます！』
(2009 岩波書店)

　学校教育で環境問題を避けて通ることはできない。特に義務教育の期間に地球規模での環境のことは十分伝えたいと、多くの大人や教師は思うであろう。

　二酸化炭素の排出の規制に関する京都議定書や炭素税という言葉を、新聞やテレビなどでよく目にする。フロンガスによるオゾン層破壊、酸性雨による森林の減少なども環境問題の一つである。

　未来のこと、そしてこれからの社会をどうするかを真剣に考える教育の一つが、環境教育だと私はとらえている。環境教育の大切さはわかるのだが、実はよくその内容を知らない、そういう教育関係者や保護者の方は多いのではないだろうか。理科や社会の教科書には環境問題の記述が大幅に増えた。持続可能な社会という言葉も2000年以降出てきた。「地球温暖化はどのようなメカニズムでおきるのだろうか？子どもに質問されたらどう答えようか？」と考えている大人は多いのではないだろうか。

　この本のタイトルは「地球温暖化 —— ほぼすべての質問に答えます！」となっている。著者は、環境科学論を専攻する科学者であるが、政治・経済の話にまで及んでいる。

　第一部・自然科学からの話、第二部・政治や経済からの話、の二部構成になっている。地球温暖化の問題は、自然科学だけでなく社会科学の問題でもあるからだ。文明が発達するには自然科学の力が必要であり、それを人間がどのように活用するかは、社会科学（政治や経済）の問題である。この本は双方から光を当てて、地球温暖化の問題を考えようとしている。

　第一部で特に目を引いた項目を挙げると次のようになる。

1. 温暖化は本当に起きているのですか？

２．二酸化炭素が温暖化の原因っていう証拠は？

３．温度が高くなったから二酸化炭素が増えたのではないのですか？

４．海面上昇は、温暖化で氷が溶けているからですか？

これらの疑問に対して、中・高生でもわかるように答えている。専門用語が多少出てくるが、文系の大人が読んでもわかるような解説（より深い話）もあり、上手にフォローしている構成となっている。

第二部で目を引く項目を挙げると次のようになる。

１．京都議定書とは何ですか？

２．京都議定書は意味があるのでしょうか？

３．排出量取引で二酸化炭素の排出量は減るのですか？

４．途上国が悪いのでは？

５．米国が悪いのではないですか？

第一部と第二部の地球温暖化に関する疑問を抱いている大人が少なからずいることが、2017年に明らかとなった。アメリカのトランプ政権が、地球温暖化対策を定めた「パリ協定（2015年）」脱退を決めたことは、アメリカ合衆国だけでなく、全世界の善良な市民を困惑させた。化石燃料を使うことで二酸化炭素が増え気温が上昇することに因果関係がないとして、それを「フェイクだ！」とアメリカ合衆国の大統領が叫んでいる時代に我々は突入している。

目先の利益を最優先すると地球温暖化に対して懐疑的になる人がいることを、世界に周知した出来事でもあった。このような時にこそ、何が正しいのかを、多くのエビデンスをもとに多くの市民が考えなくてはならない。本書はその役割に十分堪えられる内容となっている。環境問題に関し教育現場で何を教えるべきか、子どもに何を伝えるべきか迷っている大人にぜひ読んでいただきたいと思う。

11

柳田国男
『都市と農村』

（2017 岩波書店）

　「都市と農村」という表題を見て、学生時代を思い出す年配の教育関係者は多いのではないだろうか。日本史や経済史や社会学のテキストにおいて、江戸時代以降の記述には必ず、「都市と農村」という項目があった。そして1950年代から1960年代にかけては、教育界でも注目されたテーマであった。なぜなら都市と農村の学力格差をどう縮めるかが、日教組及び当時の文部省の重要な教育問題の１つであったからだ。

　歌手井沢八郎の「あゝ上野駅」（1964発売）は、東北の寒村から集団就職のために東京に移動してくる光景を唄った歌謡曲であった。その当時の農村は仕事場が少ない封建的な地域で、都市は会社が多く賃金が高くて文化的な薫りのする、活気のある街というイメージが定着していた。農村地帯の労働人口が減少し、貧しい農村は衰退していく一方で、大都市には多くの労働者が集まり、高度経済成長が15年近く続いたという事実がある。農村は文化や経済が停滞した前近代的なそして封建的な地域、都市は文化人やホワイトカラーが多い近代文化の象徴のような地域、と思い込む人もいた。農村は都市よりもすべての面で遅れた地域であると、誤解している人もいまだにいるのではないだろうか。

　柳田国男の『都市と農村』は「あゝ上野駅」よりも35年前の1929年（昭和4年）に書かれている。第一次大戦後の好景気の後、軽工業のほか重工業が発達し、農業国から工業国に転換しつつある時代であった。この頃から農村から都市への労働人口の移動が多くなり、「都市と農村」が社会問題として注目されるようになった。

　都市と農村、という対比で日本社会の状況を説明することがよくあったが、「都市と農村の違いは何か？」と問われたら、正しく答えられる現代人は少ないのではないだろうか。現在の県庁所在地の都市でさえ、駅の中心街から10

分程車で移動すると、田畑のある風景に出会うことが多々ある。水田で米を作り畑でやさいやくだものを栽培している農家が市街地の近くにある。農業が主体だが夫は市役所や企業に勤め、農業は主に祖父母や妻が作業をするといった兼業農家が多いのが、近郊都市の農家の特徴といえるだろう。

このように考えると、農村と都市の境界線はどこにあるのか、といった素朴な疑問が湧いてくる。この本を読むと日本の場合は、農村と都市はヨーロッパのように切り離された関係でないことがわかる。ヨーロッパや中国は城壁などで囲われて人工的に作られた都市が多いという。都市と農村は独立して存在していたとのことだ。一方日本では、農村の中から産業が起こり様々な職業が派生するゆえに、多くの人間が集まってきて都市となっていく。このような都市と農村の関係は、人や物が流動的で融合しやすい土壌があるともいえる。日本はもともと都市と農村の境界線があいまいな国だったと考えられる。

日本の農地の面積は欧米に比べて狭いので、米や麦だけを作って生計を立てるのは難しい農家が多い。また日本列島は、狭い地域に亜熱帯から亜寒帯まで、様々な気候区分がある。太平洋側と日本海側では、農業に必須な雨量もかなり違っている。狭い土地に米や小麦以外に、やさいやくだものやイモ類、さらに豆類など多種多様な農作物を栽培してきたという歴史がある。また山や川が多いため他の土地に移動して新しい農地を切り開いしたりすることは少なかったと思われる。長期間定住し農作物を生産し続けることによって日本の農村が形成され、それが発展して都市になっていくため、農村と都市の境界線があいまいになるのは当然なのかもしれない。

日本の農村という共同体は、その中で長期間生活できるシステムが完結していたことが詳しく書かれている。主食の米だけでなく、やさいやイモ類や豆類を栽培していた農家も多い。50年程前までは食卓に必要なみそ、しょう油、とうふ、こんにゃく、保存がきくつけ物や副食として重要なほし柿・ほしイモなどをつくっていた農家もあると聞く。日本の農村の多くは、いざという時は自給自足ができる共同体であったことも歴史が証明している。江戸時代に頻繁に生じた飢饉や太平洋戦争中の食糧難、阪神淡路大震災や東日本大震災などの災害を見聞きすると、農村よりも人が多く集まっている都市の方が災害の打撃が大きいことがわかる。

このような観点から90年前に書かれた『都市と農村』を読むと、なぜ農村

と都市の子どもの学力格差が解消したのか、なぜ現在は農業を主とした県の子どもの学力が高いのかといったことが判明してくる。成熟した日本の社会の未来を考えるヒントになるに違いない。

　21世紀に入って農村が再び脚光を浴びてきた。大きな都市が疲弊してきただけでなく、スマホやパソコンなどでインターネットを使ったやりとりが増えたからだと思われる。グローバル化した社会はICT機器の発展で、世界中の人とコミュニケーションをとることができるが、face to face の交流はむしろ少なくなる傾向がある。一時社会学で話題になった私事化（privatization）が一層進んでいるように思える。このような時、土地に根付いたお互い顔が見える生活を求める市民が多くなっても不思議ではないだろう。持続可能な社会を求めるなら、都市と農村の問題をもう一度考える必要が出てくるのではないだろうか。

目　次

12

内山節
『共同体の基礎理論
　──自然と人間の基層から』
(2010 農山漁村文化協会)

　50代以上の方は「共同体」という言葉を聞くと、大塚久雄氏の名著『共同体の基礎理論』を思い出すことが多いのではないだろうか。封建的で前近代的な社会は、共同体が基になっていると教わった方もいるはずである。近代社会にするためには、「古い共同体」を解体していかなくてはならない、そうしなくとも、歴史的自然の法則で「共同体」は解体していく運命であるととらえるのが一般的であった。

　現代社会の話題によく出てくる環境問題は、実は科学技術の進歩によってもたらされた、豊かな文明社会の重要なテーマの一つであると言ってもよい。この環境問題には、当然「自然」と「人間」がどのようにして共生していくかという重要なテーマが含まれている。内山節氏によると、日本の共同体は単に人々が一緒に生活している組織ではなく、人間と自然が一体となったものであるとのことである。

　地域社会にしばられた共同体は、個人の自由が制限されて生きにくいという、マイナス面が今まで強調されてきたように思える。共同体＝封建的な村落共同体ととらえる方もいるのではないだろうか。しかし、自然保護という言葉が流行し始めた頃から、あらたに「共同体とは何か」という問いが生まれてきた。

　連帯感とか安心感は、人間が生きていく上でとても大切なものであることが、都会に住む人間が故郷（地方）と比較することによって、より鮮明になってきたと考えられる。分断化されたコミュニティ喪失の社会の縮図は大都市だけでなく地方都市にも見ることができる。持続可能な社会では、自然と関わり合いの深い再生可能エネルギーも注目されるに違いない。科学技術が進歩し ICTや AI の時代になり、さらに混沌とした閉塞した社会では、人と自然が共存している共同体が再評価されてくるだろう。テレビの「人生の楽園」や「ポツン

と一軒家」という番組が常に高視聴率となっていることを見ても明らかである。

　私はよく「市民社会」という用語を使うが、常に根底には「共同体的な市民社会」という意識があるからだ。当然、持続可能な社会ともつながっていく。豊かな大衆社会から知識社会に変化しつつある時代に、我々はこれからどのような社会にしていくかを考えなければならない。そのヒントとなるのが「共同体」であると強く思うようになったのは、2007年から始まった全国学力・学習状況調査の結果を見てからである。

　ご存じのように、2007年から10回以上行われている調査の結果は、秋田・青森・富山・福井といった農村地帯の多い県が常に上位を占めている。一定の生活基盤を確保した農村地帯は、都会に比べて共同体組織（もちろん50年前の共同体とは性格が違う）が残存している地域でもある。最近は富山などの北陸地方を、北欧諸国と比較した論調の記事を目にするようになった。家庭・地域社会・学校といった子どもの居場所が、どのような環境かで学力に格差が生じることもわかってきた。学力の向上は、子どもと親の心の安定と深く結びついていることが予想される。

　住みやすい地域での教育は効果が上がることは明白であろう。そう思っていた時にこの本に出会った。著者は終章で「私たちはもう一度自然や人間の生命の営みがこの世界を作っているのだと宣言できるような社会を作り直さなければいけない。そしてそのためには、生命の営みが結びつき、自分たちは共に生きる生命だということが感じられる存在のかたちを、創造し直さなければいけない」と述べている。

　GAFA（Google、Amazon、Facebook、Apple）といったICT関連の企業が注目され、AIの発達で10年後は今の職種のかなりが消えていくであろうと予想される時代である。

　共同体という言葉は経済学や社会学や哲学でよく使われるが、教育関係者にも、これからの教育を考えるヒントがたくさんあると思われる。この本と、宮本常一や柳田国男の著作を合わせて読むと、より地域社会の連帯の大切さがわかってくるのではないだろうか。

　江戸時代から続いている共同体が現代社会で機能していることで注目を浴びているのが先程述べた富山である。学力は60年前から高いことで知られている県でもある。拙著では取り上げなかったが、北陸の共同体や地域社会がなぜ

「ゆたか」なのかを詳しく論じているのが『富山は日本のスウェーデン』（井手英策、集英社）である。一部を引用しておく。

「（富山は）安定した１人当たりの県民所得に加え、力強い経済基盤によって女性の就労先、所得が確保された結果、勤労者世帯あたりの実収入は非常に高くなっている。しかも、女性は非正規雇用ではなく、正規雇用を守られている。富山では、いわば、労働者どうしが雇用を分けあう『ワーク・シェアリング』に近い雇用環境があり、これを三世代同居による高齢者の生活支援、充実した保育所施設の存在が補完している。」（第７章66節のオランダも参照）

13

吉川洋

『人口と日本経済
── 長寿、イノベーション、経済成長』

(2016 中央公論新社)

　日本人の経済学者が書いてベストセラーになった経済書である。著者はマクロ経済学を専攻し、多くの学術書を書いている学者だが、この新書にはほとんど数式は出てこない。身近な現象を具体的な例で解説しているので、苦にせず読み進めることができる。経済書なのでペティ、スミス、リカルド、J・S・ミル、ケインズ、シュムペーターといった経済学者の名前が次々と出てくるが、それらの業績を知らなくても、内容はわかるように書かれている。

　この本のタイトルは「人口と日本経済」となっているが、教育関係者にも勇気と希望を与えてくれる内容となっている。キーワードはずばり「イノベーション（Innovation）」である。英和辞典で Innovation をひくと、最初に「革新・変革」という訳が並んでいる。英英辞典にもそれに対応する解説が最初に出ている。しかし最近ではカタカナ語で「イノベーション」を使う時は、「Technological Innovation（技術革新）」という意味で使っている。この「イノベーション」は経済界だけでなく教育の世界でも注目されるようになった。OECD の教育政策提言の報告書でもしばしば目にする用語である。

　1990年以降日本経済が停滞し、しかも人口が減少していくという見方が多くのメディアで報道されている。日本の衰退は必然で経済成長は望めず、年金制度も崩壊していくのではと危惧している人が多いと言われている。年金だけでなく2000万円の資金がないと老後の生活が難しいといった金融庁の審議会の答申が2019年6月に出て、大きな問題としてクローズアップされた。そのような思い込みに対して「否」と明確に答えているのが吉川氏である。金融政策や公共投資で高度経済成長を再び願うのは難しい。拙著で取り上げた伊東光晴氏（32節）、佐和隆光氏（09節）も同様の考えである。現在の産業構造をそのままにしていては、需要（消費と投資）はそれほど増えず常に供給過剰になって

しまうことは、多くの経済学者の共通認識である。GDP 年 2 ％の成長が望ましいと言われているが、成長の鍵を握るのは「イノベーション」であると著者は言う。

　このイノベーションの効用をわかりやすいいくつかの例を示して解説している。日本は成熟社会の中では一番の長寿国である。そのことだけで将来の経済発展に対しての悲観論が拡散していることに対して、警鐘を鳴らしている。高齢者を対象にした産業を考えるのも「イノベーション」の 1 つであると言っている。人口減で介護する人が少なくなるが、AI のロボットで代替することが可能になりつつある。60 歳以上を対象とした健康・スポーツ系（フィットネスクラブなど）の産業の需要はますます増えてくるであろう。心身の健康は人々に幸せ感を与えしかも医療費の削減にもなることもある。リラクゼーションやエステ産業も注目されるに違いない。リタイアした労働者の中には活字に興味を示す人も出てくるであろう。小説を読む楽しみ、そして情報を集めて生活に役立てることを知ろうとする高齢者をターゲットにした、新しい商品を考える出版社も出てくるのではないだろうか。

　1940 年代から 1950 年代に生まれた人は、高度経済成長の影響を強く受けた世代であるから、激動の人生を歩んできた人が多い。自費出版で自分史を書きたいと思う人も出てくると思われる。高齢者のニーズに対していかに効率よくしかもリーズナブルに答えることができるか、そのような領域にもイノベーションは潜んでいると言う（第 2 章 09 節の佐和隆光氏は「環境」に期待している）。

　教育でイノベーションが可能かどうかを、ICT で考えてみたいと思う。

　ICT の機器やソフトをつくるのは技術者である。プログラミングを学ぶことで様々なソフトをつくることができるようになる。しかしこれだけではビジネスとして成功する確率は低く、しかもイノベーションにはつながっていかない。ソフトをつくる時、世の中にはどのような「アプリ」があれば便利なのかに気がつかないと、多くの消費者が手に入れてくれることはない。世の中の動きに関心があり、「今何が必要とされるのか？」という問いが大変重要になってくる。社会のニーズを知るには、プログラミング教育だけでは不可能である。イノベーションに相当するソフトは文学、心理学、経済学、社会学などの素養が求められるだろう。

　人口が減少してもイノベーションによって GDP を一定の率で向上させるこ

とが可能であると著者は主張している。イノベーションとGDPの関連を数式やデータで示すのが経済学であるが、ここでは具体的な例を示して説明している。100年前の道路工事は、シャベルやつるはしが中心だったが、ブルドーザーなどの機器で短期間に大量の道路を建設していくことが可能になる。人口はそのままでもGDPが飛躍的に向上したことは言うまでもない。現在のようなデジタルの時代ではICTのイノベーションが様々な分野で期待されている。

　日本経済を復活させる鍵がイノベーションだが、これを成功させるためには、幼児から成人までの生涯学習が必要であることは言うまでもない。経済と教育は切り離せないことがこの本を読むとわかってくる。

　次の文章は、吉川洋氏の日本の経済政策に対する期待と私はとらえた。

「超高齢社会の姿は誰にも正確には分からない。しかし、社会のすべてが変わると言ってよいような大きな変化が起きることは間違いない。それは数えきれない大小のイノベーションを通して実現される。所得水準が高く、マーケットのサイズが大きく、何よりも超高齢化という問題に直面している日本経済は、実は日本の企業にとって絶好の「実験場」を提供していると言っても過言ではない。…超高齢社会に向けたイノベーションによって、日本経済は大きな可能性を秘めているのである。」

────────────── 目　次 ──────────────

14

柴田悠

『子育て支援と経済成長』

（2017 朝日新聞出版）

　教育を経済の視点から考える本が増えてきた。1990年代から20年以上日本経済が停滞しつづけていたところに、2000年から OECD が国際的な学力調査 PISA を始めたからだと思われる。この20年の間に、経済格差・貧困問題・高齢化社会の諸問題（年金や医療など）がクローズアップされてきた。国債の発行で財政赤字を補填してきたが、その手法も行きづまりつつあるのが現状である。

　1950年代から1970年代にかけてのような高度経済成長は望めないにしても、現在の財政難を解消するには、一定の経済成長が必要である。この本も、「財政余裕を増やすには？」という問いが大前提として書かれている。

　財政余裕を増やすには、主に５つの方法があることを簡潔に説明しているので、私のように経済学の知識があまりない者でも、多くの人は納得するに違いない。①高齢者率の減少（労働力人口の割合の増加）・社会保障費の減少、②失業率の減少（労働力人口の割合の増加）、③労働力人口の増加（出生率増加・移民など）、④労働時間の増加（残業の増加・休日の減少）、⑤労働生産性の向上。これらの方法を検討すると、①は実質的に不可能、②は長期的に見て失業率の減少は難しい、③は今のところすぐには移民を増やすことはできない。出生率を急激に増加させるのも現実的でない。④はサービス残業でむしろ仕事の効率が低下することになりかねない。特にサービス産業は、労働生産性の低下の可能性が高くなりがちだ。労働者の健康などを考えると、これも現実的な政策でない。残るのは⑤の労働生産性の向上であると、著者は結論を出す。様々な統計的手法で、確かなエビデンスをもとに、ここまで論じている。

　次に「では労働生産性を向上させる政策は何か」という具体的な提言に進んでいく。常に「なぜ」という発想から出発しているので、我々現場に接する者からすると、納得できることが多い。第２章では、次のようなフローチャート

が示されている。「財政余裕を増やすには？」→「労働生産性を上げればよい」→「労働生産性を上げるには？」→「労働力女性比率を上げればよい」→「労働力女性比率を上げるには？」→「保育サービスの拡充が最も効果的」となっている。最後の部分だけ見て、「何だ、働きたい女性のための子育て支援の人道的 PR では」と思う人がいるかもしれない。しかし「保育園落ちた」という言葉がマスコミを賑わしている流れの、子育て支援の本ではない。新進気鋭の社会学者が 5 年をかけて過去の経済的なデータをもとに分析した結果での提言である。オランダでは20世紀末頃から始めた政策で女性の労働力の比率を上げたため、EU の中でも経済的な面で優等生になったことで知られている。

　使える税金が少なくかつ限りがあるなら、できるだけ投資効率のよい分野を考えるのは当然であろう。何に投資したら日本の GDP を増やすことができるか、もう一歩進めて少ない投資で GDP 向上に一番寄与する分野はどこかを、経済的なデータをもとに割り出している。今までこのように「具体的」にどこに投資すればリターンが大きいかを研究した論文はあまりなかったと思われる。「保育」が中心に論じられているが、「子育て支援」が長期的に見てその国の GDP を向上させることは、他の研究でもわかってきている（次の15節の『幼児教育の経済学』を参照）。

　幼児教育だけでなく小・中学校の教育が、GDP を向上させることに一役買っていることが、様々なエビデンスで明らかとなってきた。教育投資と女性の活躍の場と時間を拡大した国は、1 人当たりの GDP が高く失業率が低く、労働生産性が高い傾向がある（第 7 章66節のオランダを参照）。その際労働時間が短くても正規労働者の比率を上げることを忘れてはならない。持続可能な日本を真剣に考える人々にとっては、必読書の 1 つになるに違いない。

─────────────── 目　次 ───────────────

第1章　財政難からどう抜け出すか
第2章　働きたい女性が働けば国は豊かになる
第3章　「子どもの貧困」「自殺」に歯止めをかける
第4章　社会保障の歴史から見るこれからの日本
第5章　子育て支援の政策効果
第6章　財源をどうするか

15

ジェームズ・J・ヘックマン
『幼児教育の経済学』

(2015 東洋経済新報社、古草秀子訳)

　経済学の分野から教育への提言をすることが多くなってきた。OECDの
PISAは経済社会という視点から、これからの社会で必要な能力論を提示して
いると言ってもよいかもしれない。そこには、「持続可能な社会」という意図
があることは明白である。「持続可能な社会」というと日本の教育界では環境
問題が主となっている。しかし経済学者は「発展（Development）」を意識した
教育論が多い。1980年代に日本でも使われ始めた「人的資本（Human
Capital）」という用語は、教育関係者には評判が良くなかったが、
「Development」は教育の世界に自然に入ってきている。

　21世紀になってから学校の教科書には、各教科に「持続可能な社会」とい
う用語がよく出てくるようになったが、それは「Sustainable Society」の日
本語訳である。20世紀後半から「持続可能な発展のための教育」がユネスコ
などで提唱されているが、日本政府は積極的に広めようとしている。この動き
は「Education for Sustainable Development」の訳で、ESDと称されている
（第7章57節参照）。この「Development」は、社会を意識すると「発展」、経済
を意識すると「開発」と訳すことができる英語と私は解釈している。「Human
Capital」という用語には抵抗があるが「Development」を「発展」ととらえ
ると、今までの教育になじみやすいと感じた教育関係者が多かったのではと思
われる。

　幼児教育の経済学の著者は、経済学者が地球全体の「Development」を強
く意識して書いている。帯のキャッチコピーを書き並べると、次のようになる。

「ノーベル賞経済学者が40年以上にわたって追跡調査。5歳までの教育は学力だけ
でなく健康にも影響する。6歳時点の親の所得で学力に差がついている。ふれあ

いが足りないと子供の脳は萎縮する。脳科学との融合でたどりついた衝撃の真実。」

　幼児教育の大切さを、経済学からアプローチした内容で、一定のエビデンス（根拠）に基づいた論理であり、現在の発達心理学（テキストレベルで）との齟齬もそれほどない。幼児のうちの教育をおろそかにしていると、生涯獲得賃金や犯罪率に差が出てくることなどを、統計的手法で経済社会をメインテーマにして論じているところが、心理学との違いと言える。賃金格差、経済格差、社会格差、貧困とも関連する内容で、「学力論」にはほとんど踏み込んでいない。当然幼児教育や学力と関係ありそうな脳科学の中身にはあまり触れていない。しかし、生涯賃金の格差だけでなく、普通の市民として生活していけるかどうかが、幼児期の環境によって著しく異なってくることが、40年近い調査（サンプル数はそれほど多くない）で判明したことが、この著作に詳しく書かれている。

　幼児教育にはいろいろあるが、算数や英語の先取り学習的な教育（認知スキル中心）のことを、著者ヘックマンはあまり考えていない。生きていく上での大切な能力（competency）のウエイトが高いと思われる。心理学のテキストによく出てくる「孤児院」の比較研究等も取り上げている。成育環境を重視した教育論とも言える。そのため、認知的スキルと非認知的スキルを重要視する。前者は小学校以降主に身につける知識、後者は子供が生きていくための社会的スキル（集団遊びや人間関係など）や情動的スキル（人を思う気持ち、自然に対する関心・芸術への関心など）と私は考えている。日本の民間の幼児教育は前者が中心となりがちだが、著者ヘックマンは、非認知的スキルこそ、幼少期に形成しておくことが最善策と、エビデンスを基に主張している。

　このことをヘックマンは次のように述べている。

「人生で成功するかどうかは、認知的スキルだけでは決まらない。非認知的な要素、すなわち肉体的・精神的健康や、根気強さ、注意深さ、意欲、自信といった社会的・情動的性質もまた欠かせない。IQ テストや学力検査や OECD の PISA によるテストなどによって測定される、認知的スキルばかりが注目されがちだが、じつは非認知的な性質もまた社会的成功に貢献しており、それどころか、認知的な到達度を測定するために使われる学力テストの成績にも影響する。」（※）

この著作は主にパートⅠとパートⅡと解説で構成されている。パートⅠはヘックマンの論考で「子供たちに公平なチャンスを与える」となっている。パートⅡはそれに対して、11人の論者（教育学、法学、心理学、経済学、社会学、政治学、哲学、現場の教師など）が意見を述べている。最後に、労働経済学専攻の大竹文雄氏が解説しているが、日本での幼児教育の大切さが伝わってくる内容である。

　2019年10月から始まった幼児教育・保育の無性化は、ヘックマンの研究の影響を受けていることは明らかだ。

　日本の場合、環境（09節）、高齢者（13節）、幼児（14節・15節）に対する3つの対策が、持続可能な社会にするキーワードであることを、再認識したい。

※ OECD は非認知能力の情報もかなり提供している。

16

大竹文雄
『競争社会の歩き方』

(2017 中央公論新社)

　受験競争に追い立てられ、萎縮した子どもを見る機会が多い教育関係者にとっては、刺激的なキャッチコピーが目を引く。「競争はないほうがいいって本当？　協力を否定し、利己的で、やられたらやり返す、…。成績に順位をつけず、競争より協力を重視した教育を受けた子どもは、そうした価値観をもつという。…」この文言は明らかに教育界への真っ向からの挑戦状のように見える。著者は、日本でも経済格差が拡大していると警鐘を鳴らした橘木俊詔氏（『日本の経済格差』1998年）に対して最初に異を唱えた労働経済学者である。

　この本のキャッチコピーに対して、反発する人、逆に大賛成の人がはっきり分かれるのではないか。私は前者の立場だったが、前節で紹介した幼児教育の大切さを実証した『幼児教育の経済学』（J・Jヘックマン）の解説者でもあったので読んでみることにした。正直言って最初は半分身構えて読み始めたが、第1章を終わる頃から読むスピードが少しずつ速くなり、そして結果的には短時間で一気に読み切ってしまった。

　身近なエピソードが、これでもかと思うほど豊富に出てくるので読みやすい。学者なのに世の中の話題に関した「引き出し」が多いのである。アトランダムに書き並べると次のようになる。「マイケル・ジョーダンのエピソード、嵐や安室奈美恵などのチケット転売問題、家電量販店の価格対抗広告、くまモン普及戦略、携帯電話の料金制度、ご当地グルメ、繁昌亭という上方落語の寄席、千両みかんという落語、文学者・司馬遼太郎の経済観、又吉直樹の『火花』、西加奈子の『サラバ！』、サッカーワールドカップ、半沢直樹の倍返し、選挙と経済、年金のまとめ支給、トマ・ピケティの『21世紀の資本』、コンピューターと囲碁・将棋」等。

　取り上げたテーマは、多くの日本人が関心を持ちそうな内容である。持続可

能な社会ということばをキーワードにして、経済学からアプローチしている。

　第1章の「身近にある価格戦略」は、どのように価格を決めるとビジネスがうまくいくかがわかってくる。生産者及び消費者が知っていると賢い行動をとることが可能となる。

　第2章の「落語と小説の経済学」では、現代の経済の基本的な原理を、わかりやすく解説している。第3章の「感情と経済」は、今までの近代経済学ではあまり注目されてこなかったテーマを取り扱っている。感情に左右されることが多い幸福感が強いと、労働生産性が高まることも明らかになってきたと言う。ここの章は経済学と心理学の融合を予感させるものがあり、特に読みごたえがある。これまでの数式で社会現象を説明する経済学は、感情はニュートラルとしてとらえていた。しかし、それだけでは成熟した社会の経済の状況を説明できない時代になってきたのかもしれない。生産よりもむしろ消費の方が感情に左右されることを、我々は経験している。

　第4章の「競争社会で生きてゆく」は生産者だけでなく消費者が読んでも役に立つ内容となっている。生きていく上での知恵やヒントがつまっている章で、当然経済教育についても言及されている。

　第5章の「格差社会の真実」は、経済学として格差をどうとらえるのかを、一般向けにわかりやすく論じている。具体例を示し、経済の基本的なしくみをわかりやすく解説している。

　競争によってイノベーションが生じ、安定した経済成長が望めることはわかっているが、教育の世界にどのような競争を取り入れてよいか悩んでいる教育関係者に、ぜひ読んでいただきたい本である。

　最初の強烈なキャッチコピーは、内容から言えばほんのわずかな部分である。教育関係者も含め多くの人に「あれ？　こんなこと言ってるよ！」と思わせる効果がある。この本によく出てくる「行動経済学」の心理的な部分を実践しているのではと思ってしまった。

第3章

教育と社会・経済の関係を知る基礎理論

　未来の社会のことを考えるなら、文系・理系問わず、多くの市民が経済政策の共通の知識を持つことが求められるのではないだろうか。ここでは経済の基本的なことがわかる本を9冊選んでみた。

　「経済学」というと、難しい数式を思い浮かべる方がいるかもしれないが、数学が苦手な方でも読める啓蒙書が中心となっている。

　17節は、古典から現代までの経済学の著作30冊をざっと解説している。古典派、新古典派、ケインズ、フリードマンといった定番の経済学書は当然入っている。大学の経済学史のテキストではあまりお目にかからないものもある。ヴェブレン、ゾンバルト、ナイト、バーリ＝ミーンズ、ガルブレイス、ドラッカー、ボードリヤールなどである。経済学者というより社会学者の本も含まれている。大衆消費社会と言われて久しいが、消費社会に関した著作も入っている。

　18節と19節は資本主義社会を理解する上で欠かせない経済学の文献である。前者は資本主義社会は市場にまかせて、自由な経済活動を是とする。後者は資本主義社会を精緻にかつ批判的に分析し、自由にまかせる経済活動の矛盾を明らかにした。資本主義社会をより深く知ることができる経済書と言ってもよいだろう。

　20節と21節は「消費行動」に重点を置いている。前者は、100年前のアメリカの「顕示的な消費行動」を詳細に分析した理論書である。最新の訳の文庫本は読みやすくなっている。後者はブランド品として知られているシャネルを題材にして、現代の消費の本質にせまっている内容である。22節は、日本を世界有数の経済大国に押し上げた、高度経済成長（1950年代後半〜1970年代前半）の要因を分析している。持続可能な日本経済を考える際、過去の成功例を検証することが必要と思い取り上げた。23節、24節、25節は「働く」ことに関する本である。経済は生産と消費の営みから成り立つが、「働く」ことによって生産活動が行われる。何のための労働なのかということをお互いに理解しないと、持続した生産活動は不可能となるだろう。持続可能な社会を考えるなら、当然「労働」というテーマを外すことはできない。

17

松原隆一郎
『経済学の名著 30』

（2009 筑摩書房）

　グローバル化した社会の中で大衆消費社会を経て成熟した国家は、ほとんど
が GDP の低い成長率に悩んでいる。成熟した社会での貧富の格差や高い失業
率や環境などの問題が山積している。日本でも福祉政策がどうなるか不透明な
ことが、2019年6月の金融庁の年金生活試算（2000万円の不足）で明らかに
なった。

　これらの状況を打破する政策が望まれている。経済を活性化するには、イノ
ベーション（技術革新）や、労働生産人口を増やし1人当たりの労働生産性を
高めることが期待されている。そのためには幼児の頃からの適切な教育が重要
であることが、教育経済学や教育社会学の分野の研究で判明してきた（第2章
14節・15節参照）。持続可能な社会を目指すなら、費用対効果が見込まれる教育
政策が求められる。その中心的な役割を担っているのが OECD であると言っ
ても過言ではない。

　このようなことをここで再度書いたのは、これからのグローバル化した社会
での教育は、経済の知識を抜きに語るのは難しいということを伝えたいためで
ある。本を読むのが好き、ICT 機器を作るのが好き、スポーツが好き、教える
ことが好き、人前で何かを演じることが好き、道路や橋やビルをつくるのが好
き、旅行するのが好き、このようなことを継続して「できる」ことが当たり前
のように思っていたが、そうではないことを再認識したい。

　人間は「消費」と「生産」をくり返す「経済活動」を常に行っているが、円
滑に再生産が実行されるというのが、持続していく大前提となる。しかし成熟
した国の経済予測はほとんど当たらない、と公言するマクロ経済学者もいる。世
の中の経済のしくみの基本的な知識を身につけておかないと、北欧型の福祉国
家がよいのか、オランダ・ドイツ・フランスのような大陸型福祉国家がよいの

かの判断が難しくなる（福祉国家については第7章66節を参照）。国家の関与をできるだけ少なくする自由競争を前提とした、フリードマンが唱える新自由主義で経済を活性化させるのか、財政支出によって需要を掘り起こし生産を増やし失業率を低くするか、といった議論に参加するためにも、その話の土台となる必要最低限の経済の知識が必要となるのではないだろうか。

　2019年10月から消費税は10％になった。消費増税で将来日本をどのような福祉国家にしていくのか、といった議論が必要だ。年金や、ふくらむ一方の国債（国の借金）の問題ともからんでくる。需要をふやして消費活動を活発化させるだけで、成熟した社会の市民は幸せを感じるのだろうか。大企業の内部保留の現金を市場に吐き出すだけで一般の市民の生活は楽になるのか、富裕層から高い税金を取り、中間層及び貧困層を対象に減税するだけで景気は向上するのか、といった疑問点がいくらでも出てくる。

　1990年代の金融危機、2007年のリーマンショックによる世界的大不況、2011年3月11日の東日本大震災、ここ30年で日本はこのような「三大危機」に遭遇している、世界でも大変珍しい国であることを今一度思い出してほしい。このような危機が短期間に起きれば、大企業は国内に新しい投資場所を見つけるのが難しくなり、一般市民はバブルの頃のようなお金の使い方を控えるようになるのは当然であろう（投資や消費をせず、現金を手元に置く行動にでる）。

　今教育に対する期待が強く、持続可能な社会についての授業はさらにふえてくるに違いない。この時教師や大人に必要なのが、消費とは・生産とは・労働とは、といった経済の知識であるのは明らかであろう。

　この『経済学の名著30』は、大学のテキストとして書かれている「経済学史」とはかなり違っている。Ⅰ、Ⅱ、Ⅲの三部構成となっていて、Ⅰ部は定番のスミスやリカードやJ・S・ミルが登場するが、テキストの経済学史にはあまり出ていないスミスの「道徳感情論」が目を引く。

　Ⅱ部は、経済学の発展に寄与した19世紀から20世紀にかけて活躍した経済学者の著作を、9冊選んでいる。マルクス、シュンペーター、マーシャル、ロビンズといった定番以外に、異端の経済学者といわれているヴェブレン（第3章20節参照）も含まれている。

　Ⅲ部は主に第二次大戦後に注目され、一時期経済学の主流に位置した経済学者が中心となっている。ケインズ、サムエルソン、フリードマンの3人は各国

の経済政策に影響を与えた巨匠といわれている。1945年以降の各国の経済を知るためにも、その理論の概観を知っていても損はないだろう。

Ⅲ部に、ガルブレイス、ドラッカー、ボードリヤールが書いた、「消費社会」を知るための必読書も入っている。この3人は経済学の本流からは距離を置いている学者である。ガルブレイス（第1章07節参照）は社会評論が得意な経済学者、ドラッカーは企業の経営者にとってはカリスマ的な存在の経営学者、ボードリヤールは消費社会を論じて名を知られるようになった社会学者である。

「消費」と「生産」が経済の営みの基本的なカテゴリーだが、それによって不平等が生じてくる。持続可能な社会にするには、この不平等をどうするかが重要な問題になっている。今の時代、ロールズとセンの著作が最後に入っているのに納得する。30冊の著作をみると、選者の松原隆一郎氏は、経済学と社会学に対する造詣が深いことがわかる。持続可能な社会を考えるには、学会横断的な研究が必要なことがわかってくる著作といえるだろう。

--------- 目　次 ---------

Ⅰ

ロック『統治論』／ヒューム『経済論集』／スミス『道徳感情論』／スチュアート『経済の原理』／スミス『国富論』／リカード『経済学および課税の原理』／リスト『経済学の国民的体系』／J・S・ミル『経済学原理』

Ⅱ

マルクス『資本論』／ワルラス『純粋経済学要論』／ヴェブレン『有閑階級の理論』／ゾンバルト『ユダヤ人と経済生活』／シュンペーター『経済発展の理論』／マーシャル『産業と商業』／ナイト『リスク・不確実性および利潤』／メンガー『一般理論経済学』／ロビンズ『経済学の本質と意義』

Ⅲ

バーリ＝ミーンズ『近代株式会社と私有財産』／ケインズ『雇用・利子および貨幣の一般理論』／ポラニー『大転換』／サムエルソン『経済分析の基礎』／ケインズ『若き日の信条』／ハイエク『科学による反革命』／ガルブレイス『ゆたかな社会』／ハイエク『自由の条件』／フリードマン『資本主義と自由』／ドラッカー『断絶の時代』／ボードリヤール『消費社会の神話と構造』／ロールズ『正義論』／セン『不平等の再検討』

18

堂目卓生

『アダム・スミス
──「道徳感情論」と「国富論」の世界』

（2008 中央公論新社）

　教育という営みが、「子どもを社会性のある人間に育てる」のが目標の一つ
としたら、企業と仕事という問題を避けることはできないであろう。

　現代の豊かな社会は主に資本主義という経済体制のもとで発展してきた。
1990年前後に社会主義がソ連を中心として崩壊した後は、一部を除き経済体
制に関しては、ほとんどが資本主義体制になったといってもよい。1980年ご
ろまでは、多くの資本主義社会ではケインズ政策を取り入れていた。しかし政
府の役割が大きくなりすぎ国の財政赤字が拡大し、乗数理論の効果は徐々に薄
れてきて、インフレが断続的に生じてこの政策が行き詰まり、サッチャー元首
相の改革やレーガン元大統領の改革へとつながっていった。フリードマンが提
唱した、いわゆる「新自由主義経済政策」を積極的に取り入れる国が相次いだ。
日本では小泉政権が郵政の民営化などに取りくんだことを記憶している方も多
いのではないだろうか。

　小さな政府を目指すこの新自由主義経済政策もうまくいかないことがわかっ
て、混沌とした時代になってきている。このような状況下、世界はグローバル
化した社会になりつつあり、我々はどのような選択をしなくてはいけないのか、
一人ひとりが以前にもまして真剣に考えなくてはいけない時代となっている。

　何のための教育かを考えるには、まず資本主義社会のしくみをよく知ること
ではないだろうか。経済学の祖であるスミスの「見えざる手」という言葉を聞
いた方は多いに違いない。スミスは、政府の関与をできるだけ少なくして、公
正な自由競争で社会は発展するという考えを持っていた。そのためフリードマ
ンの思想と重ね合わせる人々もいるはずである。しかしアダム・スミスはどの
ような社会を理想としていたか、実はあまり知らない方も多いと思われる。

　スミスが考えている社会を知るには「国富論」だけでなく「道徳感情論」を

理解する必要があると著者は主張しており、スミスのことがよくわかる啓蒙書となっている。目次は次のようになっている。第1章：秩序を導く人間本性、第2章：繁栄を導く人間本性、第3章：国際秩序の可能性（以上は道徳感情論より）、第4章：国富論の概略、第5章・第6章：繁栄の一般原理（1）（2）、第7章：現実の歴史と重商主義の経済政策（以上は国富論より）、第8章：今なすべきこと。

　「文明社会は、一方で、より多くの奢侈品を生産するが、他方で、生活必需品を増産し、それを、より多くの社会構成員に分配する。その結果、貧困の状態にある人の数を減らすことが可能になる」とスミスは約240年前に主張していた。そして競争社会について「私たちは、より大きな富や、より高い地位をめざして活動するとき、同様の野心をもつ他人と競争しなければならない」とスミスは競争を否定しない。しかしながら、「競争はフェアプレイのルールに則（のっと）ってなされなければならない」とも述べている。

　持続可能な社会を目指すことに、異議を唱える人はいないだろう。しかしその「社会」をどのような制度にしていくかは、人それぞれによって異なってくることは当然である。グローバル化した社会では多くの民族や文化や宗教が共存していて、争いを避けなければ、持続可能な社会は不可能になることは明らかである。しかし現在の社会の発展は、資本主義という経済制度に負っていることも事実である。またほとんどの国が資本主義社会となっていることを忘れてはならない。資本主義制度の原典といわれているアダム・スミスの著作は、グローバル化した社会を考えるうえで、外せない古典と言えるだろう。

　今のところ、資本主義体制での経済活動がしばらく続くと思われる。北欧型やヨーロッパの大陸型の福祉国家（オランダ・ドイツ・フランスなど）でも、「生産」と「消費」の経済システムは、原則として「自由競争」となっている。そのとき持続可能な社会にするには、競争と同時に平等、そして所得の再分配や幸福について考えることが求められるであろう。当然多文化主義も視野に入れなければならない。

　これから我々はどのような国にしたいのか、どのような世の中にするのがよいか、社会・会社・富・消費のことを考えるきっかけになる本である。資本主義社会の利点と欠点がより鮮明になるのがアダムスミスの著作と言ってもよいかもしれない。

19

的場昭弘
『超訳「資本論」』

（2008 祥伝社）

　教育は、現代社会にとって重要な営みである。教育は時として、「個人的な営み」と思われてしまうが、実は社会を形成するために必要不可欠なことでもある。

　人間は「社会的」な動物であり、一人だけで生きていくことはほぼ不可能で、お互い協力して生活していく。消費と生産といった経済的な営みは、現在は主に国を重要な単位として行われている。このように考えると、政治や国家と教育は緊密な関係にあることがわかる。

　日本では、社会に対する関心や経済活動への積極的な参加を子どもにうながすという教育が注目されている。人的資本論（労働力の価値を問うもの）やキャリア教育、さらには「生きる力」という言葉もよく聞く。子どもたちが社会に出てから即戦力となることを期待している企業もある。これらの動きは2000年から始まった OECD の PISA の影響があることは明らかである。

　また20年程前から経済学者によって、所得格差（経済格差）が広がっていることが指摘されている。それをきっかけに、社会学者や教育学者が、社会格差や学力格差や進学格差を問題にするようになった。

　社会に出て生きていくためには、何らかの労働をすることが人間の役目又は義務であることは明らかである。しかし現代の社会は様々な「格差」が広がってきている。先がなかなか読めない混沌とした時代になってきた。特に、1990年前後のソ連及び東欧社会主義諸国の崩壊以降は、経済システムは中国やベトナムなどを除いて、資本主義しか当面はありえないことも明白になった。そうする中で市場原理主導の経済政策を、アメリカ（レーガノミクス）・イギリス（サッチャーリズム）・日本（中曽根及び小泉政権）などは行ってきたが、格差も含め、様々な問題を抱えている。このようなグローバル化した社会で、再びマ

ルクスが注目されてきた。そういう流れの中でこの本は出版されたが、120年以上前に書かれた資本論は、現代社会を考える上で今でも参考になることが多々あると改めて思った。

　『資本論』を読みかじった50代以上の教育関係者はかなりの数になるのではないだろうか。資本主義社会を数学的な論理的手法（今ならプログラミング的と言ってもよいかもしれない）で緻密に分析し、この資本主義経済システムの矛盾を痛烈に批判している。資本主義社会がどういうメカニズムで貧富の差が大きい格差のある社会を作り出すのかが、この『超訳「資本論」』を読むとよくわかる。現代社会の諸問題と照らし合わせながら論を進めているので、『資本論』を読んでいない人でも納得できることが多く、しかもとても読みやすいように工夫されている。

　富の源泉は「労働」であるという「労働価値説」は、人間は何のために働くのかを改めて考えさせてくれる。企業の経済的な営みを通した拡大再生産によって、社会は豊かになっていく。そして恐慌と好景気を繰り返す。以前より多い価値を生み出したもの（マルクスはこれを剰余価値と言う）を、どのように分配するかが、これからの社会の課題であろう。

　イデオロギーの好き嫌いは別として、パラサイト・シングルや引きこもりといったことばを目にする時代だからこそ、働くことの大切さが注目されてくる。今までの教育に欠けていたのは、働くこと（経済的な活動）の大切さを義務教育及び高校で教えることが少なかったことではないか。資本家を批判しているように思える本だが、「人間は社会的な動物」であり、協同する「労働」によって社会が成り立っていることや、格差ある社会などの資本主義の問題点を明らかにしてくれるヒントがたくさんある。イデオロギーの賛否はあると思うが、教育に携わっている方にもぜひ読んでいただきたい本である。

　我々が現在どっぷりつかっている資本主義社会を分析し、様々な問題点を指摘している古典として、再び注目を浴びている資本論を現代の問題にリンクさせて、わかりやすく論を進めている。改めて「教育」とは何か、そして国家とは何か、を考えさせられ、人権だけでなく労働なくしては社会は成立しないという「教育」の大切さを再認識できるに違いない。

　マルクスの『資本論』は資本主義社会を詳細に分析して、矛盾点を指摘しているが、具体的な政策はほとんど提言していない大作であることも、忘れては

ならない。イデオロギーに振り回されないで、冷静に現代の社会を考えるヒントがたくさん横たわっている古典と考えてはどうだろうか。

--------------------------------- 目　次 ---------------------------------

20

ソースティン・ヴェブレン
『有閑階級の理論
——増補新訂版』
（2015 講談社、高哲男訳）

　成熟社会ゆえに、日本も先が見えづらい社会になりつつあると言われるようになった。ICT 関係の便利な道具が浸透する一方で、「自然」を求めて手作りや田舎暮しが流行しはじめている。出身地とは別の地方に移り住む I ターンや、地方から都会に移住した者が再び生まれ故郷に戻る U ターンといった現象が話題になってきている。機械で作られた道具よりも、手工業的な手作業での消費財が好まれるようになったのも、このような現象が起きる要因の一つであろう。

　アッパークラスの消費行動をこの本では「現代の上流階級の好みの規範は、野放図な高価さの誇示を一途に強調したり（宝石などを身につけ、金・銀や大理石などを使った館に住むといった行為…小宮山）するものにはならない。…より上位の社会階層や知的水準に属する人々の場合には、公園や庭園のなかに田舎を好んで組みこむことが流行しはじめる」と述べている。成り金と上流階級の違いを示した名言である。

　格差が拡大しつつある成熟社会では、保守的な考えの人々が増えるというヴェブレンの論理は、今の日本を見ると納得する方も多いのではないだろうか。一方、日本の現在の政権の周りに集まる政治家や知識人には、郷土愛や君が代にこだわり、教育基本法を戦前の教育勅語に近づけようと考える人がふえてきた。家父長制のよき時代を思い描く復古主義は民族主義的となり、現在の文明社会を批判する人々の受け皿になりつつあるようだ。

　半世紀前は、保守的な資本家階級と革新的な労働者階級の対立というわかりやすい構図であったが、近年は階級や階層という対立軸は見えにくくなり、双方が保守化していることが、最近の選挙などで明らかになってきた（EU やアメリカでも同様の動きがある）。

ヴェブレンは「無惨なほど貧しい人々、さらに、エネルギーのすべてを日常的な生存闘争に使いつくしている人々は、明後日のことを思案できないために、ことごとく保守的なのである。大いに繁栄をきわめている人々（上流階級＝有閑階級…小宮山）が、今日の状況にほとんど不満を抱く機会をもたないために保守的であるのと、まさに同じことである」と有閑階級の理論の中で述べている。ヴェブレンのこの指摘は、過去を検証したり未来を考えないで、現在の「点」だけに関心を示す、または示さざるをえないのが「保守」であると解釈することもできる。

　またこのような記述もある。「有閑階級という制度は、階級利益と本能、さらには戒めと命令規範的な見本とによって、現行制度の調整不全を永続化するのに役立つだけでなく、かなり古代的な生活方式への先祖返りを奨励しさえする。…現状における生活の必要性に適応することなど、まったく意に介さない方式なのである」（宗教的な儀式のことをヴェブレンは考えていると思われる）。

　個を大切にする民主主義によって近代文明が築かれてきたという歴史がある。しかしなぜ古代的な生活、すなわちバーバリアン的（略奪や侵略など…小宮山）な生活や、個人よりも全体を最優先するという封建的な制度を求める一定の階層が存在するのか、不思議に思っている人々にとっては、ヴェブレンの主張は「なるほど」とうなづけるのではないだろうか。

　日本の柔道界、相撲界、レスリング界、ボクシング界、さらにはアメリカンフットボール界の不祥事や事件などが連続して生じたことにより（2017年から2018年にかけての出来事）、保守化はスポーツの世界と切り離せないことを、多くの人が知るようになった。私が学生だった頃の大学では、体育会系のサークルは上下関係が厳しく、戦時中の軍隊の影響が残っていたのではないかという立居振舞をしていた学生がいたという記憶がある。それが現代でもトップアスリート集団、特に格闘技系のスポーツに、いまだに影を落としていたことになる。

　ヴェブレンはこのようなスポーツに対して、皮肉を込めて次のように述べている。「スポーツ中毒になる理由は、古代的な精神構造——潜在的に高い比率で保有されている略奪的な張り合いの性向——にある。…一撃を見舞いたがる強烈な性向は、スポーツマンシップと呼ばれているような活動に際立って現れている。…スポーツの習慣化は、不正を好む性癖を十分に発達させるのに寄与

するはずであり、…抜け目のない行動の蔓延を暗示するものである」。皮肉屋ヴェブレンと言われる所以の文言である。

　また、最後の第14章「金銭的な文化の表現としての高等教育」は、現在の日本の大学教育の問題点を知るのに役立つ記述が多い。2018年に話題になった東京医科大学の入試の不祥事を考えるヒントになる記述もあった。

　近年日本で生じている具体的な社会・政治問題をいくつか取り上げ、対比しながらヴェブレンの古典を紹介してみた。御存知の方も多いと思うが、S・ヴェブレンは1857年に生まれ1929年に没したアメリカの経済学者で、『有閑階級の理論』は1899年に刊行された経済書である。約120年前のアメリカ社会を見事に描写している本として、今でも読みつがれている。なお、この66冊の拙著で取り上げている「ゆたかな社会」のガルブレイスは、ヴェブレンの影響をかなり受けていると思われる。

─────────────── 目　次 ───────────────

21

山田登世子
『贅沢の条件』

（2009 岩波書店）

　何のための教育かを消費論から考えるのに役立つ本を選んだ。教育の目的の1つとして、「幸せ」をつかむことを挙げることに異論はないと思われる。そしてその幸せは贅沢との関連が強いことは否定できない事実である。しかし贅沢だけで幸せを感じる人は少ないことも明らかである。教育の視点からも、贅沢とは何かということを考えさせる内容となっている。

　OECD が2000年から始めた国際的な学力調査 PISA を見てわかる通り、持続可能な社会のことを考えたら、教育と経済は切り離して考えることはできない。教育が経済発展や労働とのからみで堂々と論じられる時代になった。教育と仕事を幸福とリンクさせて考える親は明治以来増え続けているが（明治以降の学歴の役割が象徴している）、最近では多くの教育関係者にも、仕事や企業での労働が教育のテーマの1つであることが、共通認識の時代に日本もなってきた。

　教育で労働力の価値を高め、国全体を豊かにして民主的な市民社会を成立させるために学校があると、多くの市民は考えている。しかし、もう一歩進めて、「何のための労働か、仕事なのか？」という疑問は、一定の経済力を手に入れた人がふえてくる社会では当然出てくるであろう。

　大衆消費社会を経て市民全体の経済力が底上げされ豊かな社会になると、もう1つの「消費に関する教育」も必要になってくるのではないだろうか。豊かな社会になると、様々な問題が露呈してくることを、経済学者ガルブレイスは第1章の07節で取り上げた『ゆたかな社会』で指摘している。

　衣食住の一定の満足を得られた豊かな社会になると、「消費のしかた」も大切な教育テーマになるに違いない。一般的には「貧困」のテーマと教育は結びつけて論じられることが多い。しかしレジャーのための消費は「贅沢である」というイメージが強いため、教育というテーマから今までは除外されてきたも

のと思われる。

　人間にとって消費とは何か、どのような消費が人間にふさわしいか、本当の贅沢とは何かといったテーマには、「人間は何のために働くのか、何のために生きるのか」という重要な意味が込められているような気がしてならない。贅沢というと、1970年代の「成り金趣味」のにわか金持ちの人々の消費行動（日本人観光客がパリの店でルイ・ヴィトンのバッグを大量買いした光景など）を思い出して、苦々しく思う人も多いはずである。

　この本では、富（ウェルネス）と贅沢（ラグジュアリー）とは違うという観点から論が進められている。著者ははしがきに「贅沢が『金』と結びついていることを思い知らされる。ポスト高度成長期に『真の豊かさ』が問われたことを改めて想起した。『豊かさ』は金だけでは計れないというあの問いは、贅沢論と決して無縁ではない。…贅沢論は生きがい論とも重なっている…。…贅沢論はさまざまな『問い』をまねきよせ、さまざまな問題領域とインタークロスするのである」と述べている。

　贅沢と言うと、フランスのベルサイユ宮殿（最近では、ルノー及び日産の元会長であったゴーン氏が、2016年に結婚披露宴をした場所として話題になった）を思い出す人も多いであろう。又2016年のアメリカ大統領選挙の後、日本の首相が当選した大統領とすぐ会談した場所の光景を、思い出した人もいるのではないだろうか。金ピカのまばゆい「館」は、まさに贅を尽くした私邸といった雰囲気であった。

　日本の中間層の人々は、シャネルのようなブランド品を身近に感じる贅沢品とみているが、実はこの「金と贅沢」という２つの言葉は真逆の内容である。その謎は次の一文を読むとわかる。「ヨーロッパの人々は『旧いもの』が好きである。わざわざ農家を買って、骨董店で家具をそろえてゆく。家でも家具でも、新しいものより由緒ある昔のものの方が贅沢なのである。…シャネルは『贅沢とは使い古した服』だと言った」。ここは第３章20節で取り上げたヴェブレンの有閑階級の理論と考えが重なる部分があることに注目したい。

　労働と消費というテーマは、教育の世界では一層重要となってくる。お金があり過ぎても、逆に大幅な不足でも人間は困惑してしまうことがわかっている。富裕層と貧困層の対立が目立ち始めた国も出てきている。分断化された社会そして貧富の差が大きくなっていく社会は、持続可能な社会とは言えないであろ

う。成熟社会だからこそ、生産に結びつくキャリア教育だけでなく消費のあり方も学んでいく必要があるだろう。どのような消費行動が人を幸せにしていくか、本当の贅沢とは何かということを考えるきっかけを与えてくれる内容である。

　仕事とは何かを考えるキーワードが「贅沢論」ではないかと思わせる文言が序章にあった。

「閑静を愛する精神は、多忙な時の流れのなか、一瞬の恩寵を逃さず、その外に出る術を心得ている。その精神こそ、贅沢の条件なのであって、だからこそ贅沢は金で買えないのである。過密スケジュールをむしろ自慢しつつ桁外れの高額商品を買う『富裕層の消費』が贅沢でない所以である。堂々と働いて『晴れ』のお出かけにブランド品を身につけるキャリアの女性たちが貧乏くさいのも理由は同じ。」

　子どもに消費と幸せに関したことを伝えようとしている教育関係者や保護者に、読んでいただきたい本である。

22

吉川洋

『高度成長
──日本を変えた六〇〇〇日』

(2012 中央公論新社)

　日本の高度成長と言えば、1950年代後半から1970年代前半にかけての20年弱の「高度経済成長」のことである。このおかげで欧米と比較して短期間（約半分）で「大衆消費社会」に突入したことは周知の事実である。経済の発展だけでなく日本の教育制度が世界で注目をあび絶賛された時代でもあった。

　御存知の方も多いと思うが、現在の大手塾の多くが1970年代前半に設立されている。高度経済成長がまさに終焉しようとしている時期であったことを考えると、この世界に前例のない経済発展の恩恵に浴しているのが、民間教育であることは確かなようだ。国全体の経済力が高くなると、大企業に就職してサラリーマンになるよりも、自分の時間を確保できる新しい職業を選ぶ高学歴者がふえてきた、という事実にも注目したい。1970年代は、製造業よりも塾のようなサービス業に参入した学卒者がふえてきたことがわかっている。

　持続可能な社会という用語を教科書や新聞などでも目にするようになった。経済発展か環境かというテーマを避けることができない時代である。国連がSDGs（エスディージーズ）の17の目標を広めようとしていることはプロローグでお伝えした。このような時、50年前の高度経済成長とは何だったのか、メタ認知などを活用して検証することの必要性が、この本を読むとわかってくる。

　ある年齢になると過去を振り返る人が多くなる。社会的に成功した人ほど昔の思い出話をするのは、一般的なようである。過去の振り返りは、主に２つに分けられる。１つは現在の社会・経済・文化がどのようにして発展してきたかをたどることによって、これからの未来社会のこと、未来の生活のことを考えようという、ポジティブで発展的な考えである。この発想は OECD の教育政策の提言に通じるものがある。もう１つは、自分の足あとを確認するための、思い出にひたる振り返りである。前者は能動的な、後者は受動的で閉塞的な振

り返りと言ってもよいだろう。あまり楽しくない過去ばかりを思い出し、世の中や他人の欠点を取り出し非難するだけだと、ヘイトスピーチになりがちになる。逆に良いことだけを思いだそうとする人は、自分の自慢話だけになってしまう。このようなふるまいと違う能動的な振り返りでこの本を読むと、これから先の日本や世界のことが見えてくるのではないだろうか。

　マクロ経済学者が書いている、戦後日本の経済史の本である。表やグラフは多用されているが数式は出てこないので、読みやすい経済書となっている。さらに日常生活でなじみのある言葉が次々と出てくる。次にそれらを列挙する。

　紙芝居・農地改革・ヤミ市場・七輪・蚊帳・電灯・ローマの休日・鉄腕アトム・貸本屋・トースター・ナイロン・三種の神器・力道山とプロレス・ミッチーブーム・東京オリンピック（1964年）・団地・３Ｃ・ツイッギー・オイルショック・トランジスタラジオ・集団就職・岸首相の新安保条約・三池争議・池田首相の所得倍増計画・医療保険・スモッグ・ニクソンショック・日本列島改造論・コンビナート・など。

　これらのほとんどがすぐわかる人は、高度経済成長を子どもの頃から経験している、団塊の世代以上である。しかし小・中・高の教科書には、どこかの教科で出てくる用語でもある。教科書的な経済書ではなく、身近な言葉で書かれている読み物風の教養書であることがわかる。奇跡と言われた高度経済成長の時代に幼少期をすごした人々は、農業社会を基盤とした明治・大正・昭和の文化と、劇的に変化した近代の工業化された社会のライフスタイルを経験していることになる。50歳以上の人々は、生活が日増しに便利になっていくことを、肌で体験していることになる。

　しかしこの高度成長のメカニズムを知っている人は少ないのではないだろうか。輸出のおかげで年率約10％のGNPの増加が15年近く継続したと思っている人もいる。日本は貿易立国であるという思いが強いからだろうか。しかしこの本を読むと、大衆消費社会を成立させた1950年代後半からの高度成長は、設備投資と技術革新による、「内需主動型」の経済発展だったことがわかる。なぜ内需主動の発展が20年近くも続いたのか、不思議に思う方も多いに違いない。

　その謎を解くヒントが、人口が増えたための人口移動による、家族数の飛躍的な増加である。需要（消費）がふえるから供給（生産）もふえていく、という

プラスの循環が成立していたことがわかる。「家族が増加し需要がふえた」という指摘は、まさに「目からうろこ」であった。もし子どもが３人いる家族なら、１人は家に残りあとの２人は結婚して独立する可能性が高い。またあとの２人は独身のまま独立することも考えられる。独身時代でも生活に直結する家電製品はそろえるであろう。結婚すればそれ以上に家電製品だけでなく机やイスや家具や車といった商品を買うことになる。もし家族数が1.5倍になれば、それに近い大衆消費財が必要となる。人口が増えるだけでなくそれ以上の速さで家族数が増えた。それは日本は1970年頃までは、家父長制（次男・三男・女子は外に出る）のなごりがあったからだと思われる。このような状況が続けば、それほど輸出に頼らなくても、生産活動を継続できることになる。

このことを吉川洋氏は簡潔に次のように述べている。

「都市工業部門で生産性が上昇し賃金が上がると、若年層を中心に人々が農村から都市へと移る。その結果『単身世帯』『核家族世帯』が高度成長期には急増した。…それは最終的な需要を拡大することによって高度成長を生み出す『原因』でもあった。三世代同居世帯に暮らしていた若い人々が都会に出て楽しい世帯を構えれば、耐久消費財に対する需要、電力に対する需要は倍増する（実際は倍以上…小宮山）。このように、農村から都市への人々の移動、それに伴う世帯数の増加は、経済成長とのあいだに『因』ともなり『果』ともなってもう１つの『循環』をつくった。」

このような成長のメカニズムを知ると、山田昌弘氏が広めた「パラサイト・シングル」が増加することは、長期的に見ると経済成長を止める働きをする可能性があることがわかる（第４章の28節と29節参照）。

「なぜ需要が約20年間ふえ続けたのか？」、そのもう１つの理由は労働者の賃金の継続的な上昇と生産価格の低下であることが、資料を見るとよくわかる。さらに一歩踏み込むと、なぜ賃金が上昇し商品の生産価格が下がったのかという疑問が出てくる。

1960年代から1970年代にかけては、イノベーションによる新しい技術と、スケールメリットといった効率のよい経営システムが構築（トヨタのカンバン方式など）された。そのおかげで生産性が上昇したことは疑いの余地はない。詳

しくは本書に出ているので、是非読んでいただきたい。

「なぜ高度成長が続いたのか？」という素朴な疑問に答えてくれるので、知的なゲームをしているような感覚で読むことができる。また、現在のデフレからの脱却は、金融政策よりも需要（市民の消費だけではない）をふやす政策の方が効果的であることもわかってくる。混迷した社会から持続可能な社会にしていくための教育提言がさかんであるが、この本にはこれらの難問を解くヒントがつまっているように感じた。

2019年6月に明らかになった「年金＋2000万円」の老後の問題が話題になっているが、その解決策を考えるヒントもあった。回顧ではなくポジティブに過去を振り返ると、一層この本のおもしろさがわかるに違いない。これからの教育の世界は、教育と政治だけでなく、教育と経済の関係にも目配りしなくてはならない時代になってきたようである。

23

玄田有史

『危機と雇用
── 災害の労働経済学』

（2015 岩波書店）

　2011年3月11日の東日本大震災を境に、日本の社会や日本人の生き方に変化が生じたと考える人は多い。教育関係者や社会学者や経済学者及び自然科学系の学者も同様であり、学力や格差や仕事に対する考え方も変わってきたことを指摘する論文や著作も増えてきた。この『危機と雇用』は、3.11の震災後の労働経済学者から見た社会の変化を、確かなエビデンスをもとに論じている。

　玄田有史氏は研究室だけでなく、外に向けて様々な情報を発信する研究者としても知られている。特に若者を中心とした労働（仕事）に関した論考が多く、フリーターやニートに対しての世間一般の認識を、再考することを提言している。そのため、教育問題についての言及もよくしている。

　労働経済学専攻なので、人的資本論中心と思う方もいるかも知れないが、常に労働問題が「人間の幸せ」に結びつくということを意識しているので、温かみを感じる内容の「仕事論」になっている。1人ひとりの「幸福」を経済という視点から考えている経済学者でもある。弱者のことを真剣に考えているという点では、公教育や民間教育の仕事をしている人々に共通するものがあるに違いない。

　この本のサブタイトルは「災害の労働経済学」となっている。このタイトルを見ても、持続可能な社会を念頭に置いた内容であることが推測できる。リーマンショックとその後に続く3.11が、人々の仕事に対する考え方や生き方に影響してきたことを、様々なデータで示している。

　震災のような大きな負荷を人間にかける事件が生じると、生きていくためのライフラインやインフラストラクチャー（経済・生活などの基盤）のことが話題になり、それと同時に地域社会の交流の大切さや助け合う家族が再び注目されるようになる。このようなことは、教育とも密接に関わってくるのではないだ

ろうか。地域社会の交流や家族問題は、学校や民間教育機関（塾・スポーツクラブ・そろばんなどの習いごと）といった学びの場とも関連することは明らかであるからだ。コミュニティの復活を目指す人々も出てくる（第２章12節参照）。

「社会的共通資本」（宇沢弘文『社会的共通資本』（岩波新書）参照）をキーワードにして、家族や地域社会の絆作りを考えている。仕事や労働が専門の経済学者が、これからの新しい働き方や生き方を提言している。そのための学力や能力を身につけ、社会参加していく人間をどのように育てたらよいかという、教育問題を考えるヒントがたくさんつまっている。次の文言に共感する方も多いであろう。

　　「どんな危機であれ、その困難を克服するには、個人だけの努力には限界がある。地域における信頼という社会的共通資本を構築する取り組みに参加するということを通じ、孤立化の広がりに歯止めをかけることもまた、今後の危機に対する上での重要な備えになるのだ。だれもが自分の命を守ることを決断し、地域の希望をつなぐには、日ごろからの信頼関係をつくる地道な取り組みが欠かせない。次に大きな地震や津波が襲う前に、日本中の地域がどれだけ信頼を共有できているのだろうか。」

2016年４月に発生した熊本大地震や2018年９月の北海道胆振東部地震により、一層重みのある内容となった。学校・スーパー・コンビニなどの商店、そしてスポーツクラブや塾など人の集まる場所は、重要なインフラストラクチャーとなることをあらためて我々は知った。

何のために学ぶのかという答えは難しいが、3.11以前より現在の方が、さらに答えにくい問いになってきている。生きていくための仕事も大切だが、それと同時に、家族や地域社会の人と人との結びつきが重要であることが、エビデンスを重視する労働経済学者から発信されている。仕事に対する考え方が変わってきたのであるから、今まで「よい仕事」につくために、高い学歴や学力を身につけるために勉強をしてきた人々にとって、もう一度「公教育とは何か」「生涯学習とは何か。学力をつけるだけでいいのか」ということを、持続可能な社会という視点から考えるよい機会ではないだろうか。

24

橘木俊詔（編著）
『働くことの意味』

（2009 ミネルヴァ書房）

　教育という言葉を聞くと、「何のために学ぶのか」という目的を考える方も多いのではないだろうか。その答えを出すのはなかなか難しいが、「教育」と「働くこと」は切り離せないという思いを私は強く持っている。また教育そのものを聖域とみなし、けがれのない子どもを正しい道に進む大人に育てる、そのような考えで教壇に立つ人もいるのではないだろうか。

　厳しい競争社会に出るまでは、できるだけ苦労をさせたくない、純粋に学問に励んでのびのびと育ってほしいと願っている親は少なからず存在する。そのため私立の進学校ではいまだに高校生のアルバイトを禁止しているところがある。キャリア教育の重要性が認識されてきたにもかかわらずである。世の中にはどんな仕事があるのかを高校生までに少しでも知っておくと、その後の人生に役に立つことがあるはずだ。大学生になっても「家庭教師や塾」のアルバイト以外は禁止にしている家庭もあると聞く。日本よりも生存競争が激しいアメリカでは、逆に世の中に出る前に「お金の使い方も含め家庭でしっかりとしつけをしよう」という中産階級の親が多い。

　人間が「働く」ということは何を意味するのかを、これからの教育関係者や保護者は意識しなくてはならないと思われる。20年以上前になるが、日米の高校生について調べた本があった（『日本の高校生』千石保、NHKブックス）。「人のまねでなく自分自身で考え行動する」というしつけに関する項目があった。このようなことについてだれから影響を受けたかという質問に対し、日本の高校生は約20％が親から、アメリカは50％となっていた。「自分の責任を果たす」という項目でも日本はアメリカの半分以下であった。しつけに関する項目はほとんど同じ傾向であった。

　この千石保氏の本には次のようなエピソードもあった。

「アメリカの高校生の男の子は、学校で流行しているナイキのシューズがほしかったので父親に『ナイキがほしい』と言った。父親は『なぜナイキなんだ?』と聞いたところ息子は『みんながナイキを持っているから』と答えたとのこと。これを聞いた父親は厳しい口調で『みんなが持っているからというのは、本当にほしいからではない。自分の考えというものがないのか』と言っておこづかいを与えなかったとのことだ。本当にほしかったらアルバイトをして買いなさい、と父親は言ったそうだ。金銭的余裕がある日本の親なら、たいがい買ってしまうのではないだろうか。」

　この「働くことの意味」は、生きることの意味にもつながってくる。当然そこに「しつけ」の問題も入ってくる。「働く」ことなくして社会を持続させることは不可能である。労働という言葉に対して、人間はそれぞれの考えを持っていると思うが、基本的に大多数の人は、働かないと生活していけないという現実がある。しかし、食べるための糧を得ることだけが目的であると、何かさびしい気持ちになるのは私だけであろうか。はしがきで、「人間活動の根幹に関わる働くということをどう評価すればよいのかを理解するうえで、本書が役に立つことを願っている」と、筆者の1人である経済学者の橘木俊詔氏は述べている。

　働くことの意味を、経済学、社会学、哲学、経営学などから光を当てて、9人の専門家が論じている。大学のテキストとして編集されていると思うが、一般の人にも読みやすい論文集となっている。「働くこと」「仕事をすること」「どのような社会体制(国)にするか」といったことを教育関係者が理解していると、子どもの学びのモチベーションを上げるだけでなく、よりよい授業をすることが可能となるであろう。そしてそれらのことを保護者が知っていると、子育てに役立つことは言うまでもない。

　教育に関心はあるのだが、忙しくて時間がないという方は、第1章、第2章、第3章をまず読むことをお勧めする。古今東西の「働くという意味」をわかりやすくコンパクトにまとめている。労働は人生にとって意義のあるものだという見解と、人間には「労働からの解放」が必要で、労働は人間の本質ではないという見解がある。

第２章を担当した杉村芳美氏は、「労働」を観念的でなく現実に即した観点からとらえているので、労働者や経営者も共感できる。杉村氏は「現実の労働にあっては、労働は多面的な意味を持つ。すなわち、仕事（制作）としての性格を持つことも、活動（実践）としての性格を持つこともある。もちろん労苦の性格も持っている。また遊び、遊戯、奉仕、献身の性格を持つこともできる。仕事あるいは活動は、労働の外だけでなく、労働の内にも見出されるということである」と主張している。

　勝ち組・負け組といった嫌な言葉が流行っているが、現在の経済政策の潮流が、歴史的な軸でわかりやすく書かれている第９章も時間があったらぜひ読んでほしい。どのような社会を目指せばよいのかのヒントを得られるに違いない。教育中心の仕事をされてきた方にとっては少しジャンルが違うので最初はとまどうかもしれないが、持続可能な社会を考える時、「労働」という言葉を避けて通ることはできないのではないだろうか。

　日本でも『レモンをお金にかえる法』という子ども向けの本が、15年程前にちょっとしたベストセラーになった。子どもに経済のしくみを教え、働くことの意義や大切さを伝えようとしたアメリカで発売された絵本である。幼少の頃から経済と労働に関心が向くようにするという文化がアメリカにはあるので、このような本が売れるのではないだろうか。子どものうちに世の中のしくみを教え、働くことを通して社会との接点を持たせるという意図がある。これは子どもが厳しい社会に出る前に、できるだけのことをしようという発想である。

　しかし日本の場合は逆に、競争社会で嫌な目に合うのだから、子どものうちは「のびのびと自由にやらせたい」と考える高学歴の親もいる。子どものうちは「自由にのびのびと。だからアルバイトなどはもってのほか」、そして大人になったら「荒波」の世界に解き放す、これでは社会に、企業に、組織になじめない人間がふえるのは当然かもしれない。

　この時一番困るのは、いきなり世の中という大海に出された若者で、二番目に困るのはそのような若者を引き受けた企業であることは、意外と理解されていない。大人と接することが苦手な若者はなおさらであろう。受け入れた企業も仕事の内容だけでなく基本的なマナーやしつけも教育しなけれればならないので、経営効率からいったら、はなはだよろしくないことは明白である。

25

猪木武徳（編）

『〈働く〉は、これから
── 成熟社会の労働を考える』

（2014 岩波書店）

　前節より労働に関し、もう少し具体的な内容が中心の本を取り上げてみた。24節の続きとして読んでいただけたらと思う。

　2020年から順次実施される新学習指導要領は、持続可能な社会を意識している内容であることは言うまでもない。経済発展と環境のバランスをとることを、成熟社会では特に求められる。そのような状況下、日本の教育界では成熟社会での学習意欲を高めるにはどうしたらよいかが、注目されつつある。金銭を中心とした外発的動機付けを強めれば意欲（Incentive）は向上するが、持続するとは限らないというエビデンスはいくらでもある。

　世の中の動きやしくみに関心を持つと、学習意欲が高くなり大学合格実績が向上した、という話を女子校の私立中高一貫校の先生方からよく聞いた。内発的動機付けと、外発的動機付けをうまく組み合わせた学習法だと思われる。成熟した社会では世の中に関心を持てない人が増えてくる。これを社会学者は「私事化（Privatization）」と表現していた時期もあった。自分中心で社会との関係性が希薄になっていくという現象を表現した用語である。自分の子どもや親や家族に対しては一定の関心を持つが、近隣の人々とはあまり接しない、ましてや社会の出来事、特に国の政治のことには全く関心がない、そういう状況を「私事化」といってもよいかもしれない。

　成熟した社会での労働は、生きる意欲と関連していることは明白であろう。ここ15年文科省がよく使う「生きる力」と中身がかなりかぶっている。社会に関心を持ちどのような仕事につきたいのかという目標を持つことができれば、学習意欲が向上すると言われている。しかし成熟した社会で労働意欲を一定に保つことが大変難しいということは、多くの大人も実感しているのではないだろうか。

今回紹介する本は、成熟した社会での労働を正面から取り上げた内容となっている。労働経済学者の猪木武徳氏が編者となっているが、2008年にスタートした「成熟社会の労働哲学研究会」のメンバーの研究成果である。労働経済学、社会経済学、教育社会学、経営学、政治哲学などを専攻している研究者6人の共著である。執筆メンバーを見ると「難しいテキストでは」と思ってしまうが、具体的な事例が豊富で、読みやすい教養書となっている。

　読み進んでいくと、社会への関心を高めるキーワードは「労働」であることがよくわかってくる。1970年代前半までの、労働者と資本家のイデオロギー的な闘争を思い浮かべる方もいるかもしれない。しかし現在の体制を180°転換するという考えは捨て、少しずつ改革できるところから実行するという共通した発想で、各執筆者は論を進めているように思えた。

　近代社会になると、「労働は何のためにするのか、自分は何の役に立っているのか」と自問自答する場面が多くなってくる。それは生産現場と消費する場所が異なってくることから発生する。工場で生産される商品は、どのような人に渡りどの程度社会に貢献しているのかを確認することが困難である。ましてや金融関係などの商品が多くの市民にどのように活用されているのかは、さらに不透明となる（ただし、人と人とが接する対面事業〈塾やスポーツクラブなどのサービス業・物の販売業・飲食業など〉は、顧客の顔やふんいきがわかるので、自分が与えようとしているサービスがどのように役立っているかがわかることが多い）。

　この本では「中間的な組織での自由な労働」という新しい概念を提示している。人間はまず最初に経済生活を支えるために、すなわち「自分及び家族のため」に働いている。これは自分を含めた家族という小単位で考えた労働である。そして次は自分の労働が意味を持つ（何かの役に立っている）と認められることを思いつつ仕事をする。これは企業や自治体やNPOなどの組織の場での労働と言ってもよい。これが中単位の、すなわち中間的な組織での労働である。「自分の仕事が、共同の目的を持つ組織の中で評価されるなど、他者からの具体的な反応を期待している」という文言に、この本が主張したいことが凝縮されている。そして次の段階（大単位）である「自分の仕事が国にわずかではあるにしろ貢献している」となる。「この中間的な組織」という発想は、オランダですでに実践され、かなりの効果が出ていると言われている（第7章の66節参照）。

　地域での結びつきや、同じ考えを持つ結社（仲間）の設立により、労働と生

活が分断化された近代社会で、どのように生きていくかの多くのヒントが得られる。このような発想なら、生活の安定と心の安定と社会の一員としての満足感を同時に体験することが多くなる。労働が長続きすることによって、経済的及び精神的な面が充実することになる。家族という小単位が安定すれば、職場などの組織という中単位にも活力を提供することになる。中単位の組織が活性化されれば、大単位の国家の政情は安定し、さらに国同士の争いが少なくなれば超大単位のグローバル化した社会（EUなど）が持続することになる。家族と国の間にある「中間組織」の育成はコミュニティの復活と関係がありそうだ。

　OECDの教育政策への提言で明らかになったが、これから先のことを考えるとグローバル化した社会での教育は技術革新だけでなく、より人間の本源的なテーマ「働く」を抜きにしては語ることができないことが納得できる。

―――――――――――――――――――― 目　次 ――――――――――――――――

第4章

日本の社会を知る

Overview

　私たちが住んでいる日本は、アジア大陸から少し離れた多くの山と川がある島国である。その場所が持続可能な社会でなければ、私たちは安心して住むことができない。この章では、日本の現状を様々なエビデンスなどで検証してみることにしよう。

　現在の日本の文化や風習の原型は江戸時代にあると言われている。子どもの頃から身近な、節分・春の祭・ひな祭・七夕・秋の祭・七五三といった行事は、江戸時代に広まったと言われている。

　江戸時代に80%近くの人口を占めていたのは農民である。当時の農村共同体の生活を知ることによって、自然と人間の共生の可能性を探ることができるのでは、というねらいがある。また江戸庶民のしつけや子育ては、現代に通じるものがかなりある。文明化された社会から、もう一度過去を振りかえることは、単なる懐古ではなくポジティブな発想であると私は考える。過去の経験を生かすことをねらって26節と27節の本を取り上げた。環境と開発のバランスがとれた未来の社会を予想するヒントがかなりあると思われるからである。

　28節と29節は、家族をキーワードに、日本の社会の現状をわかりやすく論じている。経済格差で家族のありようがどのように変化しているのか、生活スタイルが変わってきたのかという身近なテーマで、分断化されようとしている日本の状況を的確に分析している。近未来の家族形態から、持続可能な社会の可能性を探るヒントが与えられると思われる。

　30節と31節は、日本の労働者や子どもの貧困について論じている。日本の大人と子どもの貧困の実態がわかる論考である。32節は、今の経済政策のことがわかるので取り上げた。33節は日本の階層格差・階級格差について、社会全体を見ながら論じていて、日本の格差の現状を把握するのに役立つ。34節の教育の不平等は28節、29節、33節とも関連する。35節は日本の学歴社会を、明治から現代まで概観している。36節は心理学者の日本の若者論で、教育やしつけのことを考えさせられる内容となっている。37節はこれからの日本の社会で求められる能力について論じている。持続可能な社会で求められる能力とは何かがわかってくるのではないだろうか。

26

渡辺尚志
『百姓たちの江戸時代』

(2009 筑摩書房)

　現在を知るために過去を知る、というフレーズは、「温故知新」という故事があるぐらいなので、生きていく上での知恵なのだろう。この本を読むと、この言い古された言葉がより具体的にわかってくる。

　子ども達に社会や国語を教える時、昔の時代のくらしに関した知識が必要になる。時代劇をテレビなどで見る機会があるにもかかわらず、江戸時代や安土桃山時代のことは、知っているようでよく知らないことが多い。

　現在の日本各地の文化（伝統的な行事や祭礼など）は、主に江戸時代に根をはったと言われている。ところが江戸時代で目につくのは、主に武士と商人（町人）である。これは時代小説や映画やテレビドラマの影響であることは言うまでもない。ところがよく考えてみると、江戸時代の人口の80％以上は農民であった。江戸時代の農民、すなわち百姓の生活や文化を知ることによって、我々日本人の現代の生活様式がよりよくわかると思われる。現代人の文化的ルーツを探るというのが、「江戸ブーム」が起こった要因の1つであることは確かだろう。

　現在ある多くの家制度が江戸時代に始まると言われている。それは、江戸時代に百姓が一般的に家を形成した画期的な時代であったからである。この家制度は商品経済の発達とともに確かなものとなっていった。農村共同体という固い組織のもとに、日本の文化が発展してきたことがよくわかる。労働力や土地が1人ひとりの個人の財産というよりも、村全体の「所有物」であるという意識が大変強く働いていた。天災も含め様々な危機を村全体でのり切ってきたという歴史があったことがよくわかる。もしこのような地域の経済力が高くなり、教育の価値を理解する人々がふえたとしたらどうだろうか。高学力の地域となる可能性が高くなってもおかしくはないであろう（第6章49節・50節参照）。江

戸時代に「寺子屋」が広まった様子が第4章に詳しく書かれている。教育関係者や保護者にとっては必読の章である。

拙著第2章の「持続可能な社会をさぐる」で、『都市と農村』と『共同体の基礎理論』を紹介した。ここでは江戸時代の農村、すなわち百姓の生活を具体的に知ることによって、持続する日本の社会を構築する可能性のヒントを見つけることができるのではないだろうか、というねらいがあり取り上げた。

つながりが強過ぎて住みにくい一面もあったかも知れないが、現在さかんに言われている弱者のための「セーフティネット」が、すでに江戸時代に、村単位で存在している地域があったことには、おどろく人もいるであろう（このことは『富山は日本のスウェーデン』(井手英策)に詳しい)。理想的なコミュニティとも原始的な市民社会とも言えるのではないだろうか。この本の最終章の印象に残ったことばを次に示しておく。

「江戸時代の百姓たちは、日々の労働にいそしみ、住みよい社会をつくるためにたたかいました。自然の猛威にも屈しませんでした。同時に、意欲的に学び、しっかり遊び、豊かな文化活動を営んでいました。苦労や挫折もありましたが、勤勉・節約・孝行などをモットーに粘り強い努力を続けました。彼ら・彼女らの努力の積み重ねの上に、今日のわれわれの暮らしがあることを忘れるわけにはいきません。」

江戸時代は何回か飢饉に見舞われたが、その当時の絵を見ると、ほとんどが都会の惨状が描かれていたようだ。自然災害に都会が弱いのは、物理的に食糧が尽きるのが早いためだけでなく、つながりが弱い地域に人口が密集しているため、というのも理由の1つではないだろうか。

27

中江克己
『江戸の躾と子育て』

（2007 祥伝社）

　前節では主に農村地帯の農民の日常生活に光を当てていたが、この本では江戸時代の都市の生活を子どもを中心に論じている。

　躾という言葉が再び注目されている。躾は普通家庭で行われるものであるから、家庭の教育力のバロメーターになる。現代の教育の様々な問題（校内暴力、いじめ、学力低下、学級崩壊、不登校など）は、家庭の教育力が低下しているからだと言われるようになってきた（実際は地域社会の教育力の低下の影響の方が強いと思われる）。教育再生会議でも家庭の教育力（躾）が話題になっているほどである。そのために道徳の教科化が2020年から完全実施となり、教科書が作られることになった。

　では、昔の日本人の躾はどうだったのかということが気になるが、この本を読むとそのことがよくわかる。江戸時代の都市に住む人は子育てに熱心な人がかなりいたようだ。現代社会でも、所得の高いホワイトカラーの階層は、家庭の教育力は高いと一般的に言われているのとよく似ている。江戸時代に子育て書がたくさん出版されたことを考えると、その頃から一般庶民も、躾や子育てに高い関心を示し始めていたことがわかる。

　江戸時代は、武士だけでなく商人や農民まで教育に熱心になった時期であることを、改めて認識した。第3章には江戸の子どもの教育事情が詳しく書かれている。寺子屋が江戸中期以降急速に発達し、読書人口が増え、庶民の識字率が高まった。これは江戸という大都市だけではなく、大坂・京都・尾張といった人口が集まる大都市や、富山・山口・長野といった地方でも同様であった。そのような土壌があったため、明治になってからの学校制度がうまく機能し、非常に速いテンポで近代化が進んだと言えよう。江戸時代に寺子屋や藩校が広まったがゆえに、教育の必要性を理解した庶民が多かったことが推測できる。

1872年から始まった学校に、子どもを行かせる親が10年程したらかなりの数になった。義務教育が早い段階から普及したといえる。

　江戸の頃から、「教える」という行為はお金に換えることができないほど神聖なものと考えられていたらしい。寺子屋の師匠の考えは、現代の日本の学校教師と金銭に関しては同じ感覚であることが書かれていたのは、新しい発見だった。また、寺子屋は当時の知識人がちょっとした時間を利用して、子どもに「読み書きそろばん」を教えていたと思っていたが、実は朝五つ（午前8時）から昼八つ半（午後3時）頃まで勉強をしていたと知り驚いてしまった。

　江戸時代の寺子屋では、かなりの教育をしていたことになる。寺子屋の絵を教科書や歴史書で見た方も多いのではないだろうか。そこにはガキ大将や元気なヤンチャ坊主といったような子どもが、自由奔放にしている様子がえがかれている。寺子屋は両親が働いている子どもを預かる場所と考えることもできる。このような伝統があるからこそ、今日の日本があるということがよくわかる。

　順番が前後してしまうが、第1章では、江戸では誰が子どもを育てたかが、詳しく書かれている。日本の伝統文化の中でどのような躾をしていたのか、そしてどのような気持ちで子育てをしていたのかがよくわかり、家庭の教育力を向上させるためのヒントがかなり出ている。文化資本（※）という概念は江戸時代にはなかったが、育ちの環境が重要であることがわかっていたと思われる記述も多い。教育関係者だけでなく保護者にも読んでほしい内容である。

　第2章は、江戸の子どもの「遊び」について書かれている。子どもの遊びは、人間の知能と社会性を発達させるためにとても重要である。最近、認知能力と非認知能力ということばが注目されているが、遊びは後者の能力との関係が深いことが予想される。この章を読むと江戸時代から子どもの遊びの種類が増え、遊び道具が商品として売られるようになったことがわかる。江戸の子どもは活発に遊びながら様々な能力を発達させていたが、これも江戸時代の日本人の教育水準が高かった要因の一つと言えるだろう。子どもの遊びの大切さを研究している人にとって、興味のある章である。教育を再考するためのヒントが多く示されている。拙著第2章の11節と12節を思い出しながら読むと、コミュニティの大切さが一層わかってくるに違いない。

※文化資本（Capital Culturel）：フランスの社会学者 P・ブルデューの広めた用語
で、日本の教育政策にもかなりの影響を与えていて、OECD も関心を示している。
2007年から再び始まった全国学力・学習状況調査では、学力と文化資本の関係が
判明してきた。文化資本が豊かだと学力も高い傾向にあるという事実が多くの人
に知られるようになった。文化資本とは、文化に関する目に見える・目に見えな
い所有物の全体を指している。文化資本は、A）身体化された文化資本、B）客体
化された文化資本、C）制度化された文化資本の３つに分類できる。A は目に見え
ない、身についた立居振舞で、知識・技能・趣味・教養など。B は本・絵・スマ
ホ・パソコン・テレビなど目に見える文化的財物。C は試験などで与えられた学
歴や資格。（P・ブルデュー『ディスタンクシオン I』（藤原書店）を参考にして小
宮山が作成）

28

山田昌弘

『希望格差社会
──「負け組」の絶望感が日本を引き裂く』

（2007 筑摩書房）

　日本では20世紀末頃から「格差」という言葉が、マスコミなどでもよく使われるようになった。SDGs（プロローグ参照）には17のテーマがある。その中に、「貧困をなくそう」と「人や国の不平等をなくそう」がある。SDGsの17のテーマには格差という言葉は出てこないが、この2つが格差に関連したテーマといってもよいだろう。不平等により格差が生じ、格差が拡大すると貧困層の割合が増えてくるという構図が成り立つ。

　日本の社会で話題になっている「格差」に関した家族社会学者が書いた本を紹介しようと思う。「格差社会」はマスコミがいつのまにか使うようになった用語ではないだろうか。教育学、社会学、教育社会学などの辞典（事典）には、格差や格差社会という項目はない。第六版の『広辞苑』で格差をひいても、「賃金格差」しか掲載されていない。経済格差や社会格差という用語も見つけることはできない（2018年に出た第七版には出ている）。

　マスコミを中心にここ20年間、自然の流れで格差という用語が使われている。私も同様である。しかし現在のところ格差という学術用語は存在しないと思った方がよいだろう。特に「格差社会」という用語は、よく考えてみると何の格差なのか、何を基準とした格差なのかが、たいへん曖昧模糊としていることがわかる。

　本のタイトルは、格差社会の頭に希望をつけた「希望格差社会」である。この言葉だけでは何を意味しているのかがよくわからない。「パラサイト・シングル」（1999年）という言葉を生み出した著者が、再び現代の日本社会の状況を表現したのが「希望格差社会」である。このタイトルを見ただけは、何か希望が持てる社会なのでは、と思ってしまうかもしれない。しかし全く逆の意味の言葉であることが、読んでいくうちに判明してくる。

カバーの袖に次のような文言がある。「職業・家庭・教育、そのすべてが不安定化しているリスク社会日本。『勝ち組』と『負け組』の格差が、いやおうなく拡大する中で、『努力は報われない』と感じた人々から『希望』が消滅していく。将来に希望がもてる人と、将来に絶望している人の分裂、これが『希望格差社会』である」。

　将来に希望がもてない人は、社会の底辺に押しやられてしまう可能性がある。一方希望を持てる人は多くの富を得る可能性がある。人間は富の象徴の１つである貨幣を大量に手にすると、ヴェブレンが『有閑階級の理論』で示した「顕示的消費」行動に夢中になる富裕層が出現する。実はこれも希望を持てない人の消費行動である（第３章20節）。分断化された社会は、貧しい階層だけでなく富める階層の人々が、希望を持てなくなってしまう可能性が非常に高くなる。別の言い方をすれば「所得の再分配がうまく機能しない社会」となるだろう。

　この「勝ち組」と「負け組」という言葉はマスコミ受けするに違いない。しかし冷静に考えると、何をもって勝ちと負けを判定するのかという大きな問題があることに気がついた方も多いのではないだろうか。経済力なのか、生活の質なのか、健康なのか、学力なのか、学歴なのか、正規社員と非正規社員の違いなのか、大企業と中小企業の賃金の違いなのか、といった格差と思われる関係を拾い出すと、かなりの数になる。

　持続可能な社会が不可能になるかもしれない、そう思う人が多くなれば、希望を持てなくなる可能性が高くなることが予想できる。山田昌弘氏は、社会のリスク化と不安の関係を次のように述べている。

「社会がリスク化し、二極化が明白になってくると、人々は、将来の生活破綻や生活水準低下の不安を持つようになる。…能力的にも経済的にも人並みでしかなければ、不安定な生活を強いられるかもしれない、という不安である。」

　貨幣の量の格差（貧富の格差）が心理的格差（希望の格差）につながるという主張である。

　最初から「負け組」と思い込めば、希望は絶望となり、労働の意欲、勉強の意欲、生きる意欲の減退となり、停滞した社会になっていくことは明らかであろう。労働生産性が低下し、GDPの増加は期待できず、分断化された不安定な社

会になり、富裕層は大都市の中心部には住めなくなる。すでにアメリカのいくつかの大きな都市は、貧困層と富裕層が住む地域に区別され分断されているという。

　希望が持てない20代や30代の子どもが親と同居する家族が多くなってきた。パラサイト・シングルはいずれ8050問題（親が80歳、子どもが50歳で無職）に転化する可能性を秘めている。無職ではなくとも不定期のアルバイトをしながら親と生活している場合もある。引きこもりがちな子どもも当然親と一緒に暮らしている。第３章の22節での1950年代後半から1970年代の前半における高度経済成長の要因を思い出してほしい。成長の要因の１つに急激な家族数の増加があった。これを裏返せば、希望を持てない格差社会では、かなりの速さで家族数が減少してくることが予想できる。それによってGDPの成長率は止まり、さらに希望が持てない社会といった悪循環に陥る。

　この本の初版が出る３年前に、教育社会学を専攻している苅谷剛彦氏が『階層化日本と教育危機』で、「意欲格差社会」（インセンティブ・ディバイド）という用語を用いていた。この本は教育界では大変話題となり、今でも多くの教育関係者に読まれている。この意欲格差は教育に限定して用いた用語である。努力しても報われない、将来に不安を感じている、そのような理由で学ぶことから逃走するのかもしれない。山田昌弘氏は教育だけでなく、生きるための全体的な意欲を、「希望」という言葉で表現したのではないかと思われる。希望が希薄な社会は、とうてい持続可能な社会とはなりえない。教育関係者や保護者の方必読の１冊である。

29

山田昌弘
『底辺への競争
── 格差放置社会ニッポンの末路』
(2017 朝日新聞出版)

前節で紹介した『希望格差社会』が世に出てから13年後に同じ著者が著した本である。「パラサイト・シングル」（※）という階層の存在を明らかにしてから18年後の状況を検証している内容となっている。まだ社会格差ということばがそれほど注目されていなかった20年程前と違い、貧困や格差というテーマが話題になる社会状況となってきた。この本の主題はずばり「格差」であり、日本の社会の末路を予見する内容となっている。

最近の日本の教育政策は経済学だけでなく社会学の分野とも関連することが多くなった。学力と階層格差の問題は20年程前から教育社会学でさかんに研究され、多くの著作が刊行され論文が発表されてきた。また学力が向上することと経済の発展を結びつけることの大切さは、OECD の PISA などの提言により、多くの人々が知るところとなった。家庭環境によって学力格差が生じ、それが社会格差にもつながっていくことが、社会学者の研究（一例としてブルデューの文化資本など）で明らかになってきている。全国学力・学習状況調査でも、このような諸研究をふまえ、主に学習に関した家庭環境を毎年調べている。

20年程前に「パラサイト・シングル」が注目された時は、家族社会学からの視点による考察であった。27節で詳しく紹介した文化資本は、主に「家族」というキーワードで論が進められていることは明白であろう。この「家族」と教育の関係が明らかになりつつある現在、教育関係者は家族社会学者の著作から目を離すことはできない。特に今回紹介する本は、これからの日本社会を、中・長期的な視野で論じている。

『底辺への競争』を読むと、日本の近未来の家族の姿が浮かび上がってくる。それはこの本の題名から想像がつくと思われるが、明るい社会ではない。今までの家族や経済に関する資料を基に、現在のアラサー及びアラフォー世代を検

証している。20年程前にリッチなパラサイト・シングルともてはやされた世代は、今ではもはやリッチな家族ではないことを、しっかりとしたエビデンスで論証している。「パラサイト・ドリームの崩壊」といったことばで、下流化する中年（アラフォー世代）になってしまうことを、パラサイト・シングルの人々に対して警鐘を鳴らす。その根拠の1つとして、中年パラサイト・シングルの3〜4割が非正規雇用か失業というデータを挙げている。

　序章と第1章の2つの章を読むだけで、これからの日本は「リスク社会」であることが、あらためてよくわかる。2019年に入ると、親と同居している30代から50代の独身者が、様々な不幸な事件を引き起こしている。パラサイト・シングルの本が世に出た時は、独身者は働いていることを前提にした内容であった。それがここ10年、働いていない同居独身者が話題にのぼるようになった。このような「リスク社会」で「教育は何ができるか」を教育関係者や大人世代は真剣に考えなくてはならないと思われる。

　この時、経済社会から隔離された囲われた「学校内」では、そのリスクを実感するのが一般の人よりも遅れる可能性がある。しかし民間教育事業に携わっている経営者や労働者は、良いか悪いかは別にして、「市場原理」に左右され、その社会的リスクを肌で感じることが多い。なぜなら資本主義社会の中で、経営者も労働者も利益を求めて必死に働かなくてはならない。そうでないと「親方日の丸」と思われている大企業さえ倒産に追いこまれる。そうならないために「社会関係資本」（人脈）を増やし、社会の動きや消費者の動向を知るために情報を集めることに余念がない。民間企業に関係する市民は、世の中の動きに敏感なのかもしれない。これからはリスクを避けるための、具体的には貧困に陥らないためのそして貧困をなくすための教育が必要であることがわかる。

　日本の近未来は、家族形成格差の拡大が社会を引き裂く状況になると予測している。現在のアラフォー世代は、中年非正規雇用者や親と同居の中年未婚者がかなりの規模で存在している。アラサー世代はその割合がさらに高くなっている。この先それらの世代が年をとっていくにしたがって生活状況が多様化し、かつ多くの人の下降移動リスクが高くなると警告している。そのリスクを低減する対策については終章「脱『底辺への競争』に向けて」で次ような提言をしている。

　「問題は、どうやったら家族を維持するのに精一杯な人たちに対して、安心と引き

換えにもう少し力を出してくれると訴えることができるかなのでしょう。幸にして、個人や家族の力も、政府の力も、連帯の力も、まったくなくなっているわけではありません。だからこそ手遅れにならないうちに、個人としては、自立して生活していきながら他者とのつながりをつくっていく。政府としては、中流からの転落を防ぐために、やり直しがきかない社会というものを別の形に組み替える制度をつくっていく。そして地域やコミュニティも、新しい連帯を強めるような仕組みやモデルを、どんどんつくっていかなければならないでしょう。いわば『三重のセーフティーネット』の構築です。」

この提言をていねいに読むと、これからの教育のヒントをつかめるに違いない。
　家庭の文化資本と学力は統計的に有意な関係があることがわかってきた。家族のことを教育と関連した著者は以外と少ない。そのため山田昌弘氏の本が2冊続いた。時系列を意識して読むとより効果的であろう。
　ここでは述べられていなかったが、家族数の減少や家族の弱体化は、経済成長が停滞する要因となる。消費する力が弱くなると生産した商品は売れなくなるからだ。消費活動が低下するとGDPの向上が期待できないのは明らかである。

※「親と同居していて正社員として働いている独身者」を意味しており、20年程前に広まったことばである。正社員としてそこそこの所得を得、それをほとんど自分のために使う、「リッチな生活をしている」というイメージである。

―――――――――――――――― 目　次 ――――――――――――――――

30

森岡孝二
『貧困化するホワイトカラー』

（2009 筑摩書房）

　企業社会と教育の関係を再考するのに役立つ本を紹介したいと思う。

　教育と企業社会を切り離して考えることはできない。高い学歴を目指す親子が考えている職業の1つに、大企業のホワイトカラー（サラリーマン）の管理職がある。ちなみにホワイトカラーに対する言葉はブルーカラーである。前者は大企業の中間管理職、専門的職業などで、後者は生産現場で商品を生産する工場の労働者などである。一般的に賃金はホワイトカラーの方が高い。

　仕事をしようと思う人のほとんどは企業にまず就職するに違いない。日本の企業社会がどうなっているかを、教育関係者が知ることは大切である。企業社会の中でどのように生きていけばよいかを教えるのが、公教育の目的の1つと言ってもよいだろう。しかし公立の学校関係者が企業のことを肌で知っていることはまれで、企業労働者との考え方に差があるのは確かなようだ。

　1980年代までの都立高校は、今よりも企業との接点が多かったことは意外と知られていない。高校を卒業した後就職する生徒のために、都立高校は企業に就職希望の生徒を多数紹介していた時期がかなりあった。1960年代では金融を中心とした大企業からのオファーは珍しくなかった。大企業とのパイプが太い23区内の都立高校もかなりあった。しかし高校を卒業してすぐに就職しない生徒がふえるにしたがって、1990年代頃から都立高校と企業のつながりは薄くなっていった。そのため大学への通過点となる公立の進学校がふえ、企業との接点が減り世の中のしくみを教える機会が少なくなったことが予想できる。「医者の常識世間の非常識」という言葉を大学の医学部の教授から聞いたことがあるが、学校社会は世間から孤立しやすい環境であることは確かなようだ。

　現代の企業は大卒の労働者が増え、彼らの多くはホワイトカラーと呼ばれている。かつては貧しい労働者といえば、現場の製造業にかかわっているブルー

カラー（50年前に比べかなり少なくなっている）というイメージがあった。昔から中産階級の労働者はホワイトカラーとも呼ばれ、所得も社会的な地位も高くて、しかも高学歴であることが多い。しかし、そのホワイトカラーが貧困化しているという実態を、日本とアメリカを中心に実証的に分析している。

　この著者の発言に対して学校や会社の管理職の方は違和感を持つかもしれない。しかし、会社に入って企業で働くという、現代社会の普通の人の普通の営みを、真剣に考えさせてくれる内容となっている。グローバル化した時代の労働者の実態が明らかになるにつれ、「労働とは何か？」という素朴な疑問がふつふつとわいてくる（第3章24節・25節参照）。

　労働時間延長と労働者の生きがいの関係、サービス残業の是非、働くことは賃金を得る単なる生活のためなのか、楽しく働くことはできないのか、といったことを考えさせられてしまう。実は私は小さな零細企業の個人塾（小1から高3まで教えていた）を40年近く経営していた。50代になり上場企業の経営の一部を担った時は、物言う株主として話題になった投資ファンドの圧力も間接的だが経験している。株式を公開していると、経営者がじっくり1つのプロジェクトを育てるのは難しくなってきた時代であることを、目の当たりにしてきた。競争激化のため、株主の顔色をうかがいながら、目先の利益を追うような会社経営をしている経営者が多くなったことが推測できる。

　3.11の東日本大震災の後「原発ゼロ」の動きが活発になってきたが、現在（2019年11月）の政府は他国に原発を輸出しようとし、原発推進の流れを止めようとしない。日本の名門企業の1つであった東芝が事実上解体したのは、ほとんど新規の原発が不可能になった、アメリカの原発事業会社ウエスチングハウス社を買収したからであった。積極的に原発の海外展開をしていた日立製作所は、2019年1月にイギリスでの原発建設計画を凍結し、3000億円もの損失を計上することになる。原発は災害だけでなく経済的及び経営的にもリスクが大変高い事業にもかかわらず、なぜ日本を代表する日立や東芝といった大企業が固執するのだろうか。大手の電力会社も東電や関電をはじめすべての企業が原発を再稼働することに熱心である。

　しかし原発のようなリスクが高いとわかった事業は、国が全部行ってほしいというのが、それらの企業の労働者だけでなく経営者の本音ではないかと思う。それができないことの答えの1つが「物言う株主」ではないかと推測している。

目先の利益を出さなければ経営者（役員）としての立場が危うくなるのが今の大企業の体質である。

　このように会社を経営する環境は、大小を問わず悪化してきている。労働力を時間で切り売りするという気持ちが強い人ばかりだと、小さい会社の経営は成り立たないという事実もある。森岡孝二氏は「労働時間の規制を外せば、労働時間はいっそう長時間化し、不自由で非弾力的になる。…法定労働時間を守る、週休二日を確保する、年休20日をめいっぱい取得する…（そうすれば）今よりももっと自由に弾力的に働くことは可能である」と主張していたが、一部の安定した大企業での話なのではないかと、私などは思ってしまう。

　右肩上がりの1970年代までの日本とは違い、労働者も経営者も将来に不安を感じているのではないだろうか。いつ何時リーマンショックのような経済不況に、3.11のような自然災害に遭遇するかもしれない、そう思う企業や市民は現金は持っているにもかかわらず、以前より「投資」や「消費」を控えるであろう。大企業は利益を再投資するのを控え現金を手元に置き、労働時間を長くして目先の利益獲得に走り、労働者は将来が不安なので消費を少なくし、わずかでも貯金をしようとする、そうするとさらに全体の消費が低迷し経済が停滞する。そういう悪循環をどのようにして断ち切るかは、「労働」のあり方がキーワードとなるであろう。貧困化するホワイトカラーの社会問題を是正する試みは、実は安心して「生産」と「消費」の活動ができる社会に近づいていくことではないだろうか。正規労働者に長時間労働を強いるのは、日本経済全体にマイナスになることは事実だが、規制するだけでは根本的な解決にはならない。オランダのようなワークシェアリングを考えてもよい時代になったのではないだろうか（第7章66節）。

─────────────────── 目　次 ───────────────────

31

阿部彩

『子どもの貧困Ⅱ
──解決策を考える』

（2014 岩波書店）

　「貧困」という言葉のイメージは、世代によってかなり違うのではないだろうか。60歳以上の多くの人は、敗戦後間もない頃の、衣や食や住の貧しさを思い浮かべるのではないか。小学校の学校給食だけが食を満たす唯一の時間であった同級生を、60年ほど前に何人か見た記憶がある。普通はあまり好んでは飲まない「脱脂粉乳」（当時は給食に牛乳はほとんど出なかった）を２はい、３ばいとおかわりをしていた。他の子が嫌いなおかずを、嫌がらないでもらって帰っていたことを思い出す。いつも同じ服を着て学校に来ていた子もいた。そういう小学生が地方の大都市でさえ１クラスに何人かはいたのが敗戦後10年ほどたった日本の姿の一部であった。

　我々はアフリカ等の飢えの貧困をテレビの映像などで目にしているが、「現代の日本にも貧困がかなり存在する」と言っても、恵まれている子どもに接することが多い仕事をしている人は、実感しにくいと思われる。ましてや「子どもの貧困」なんてあるのか、と考えている方も多いのではないだろうか。

　しかしこの本を読むと日本にも貧困があり、しかも子どもの貧困が1950年代までとは違った意味で存在していることがわかる。貧困には絶対的貧困と相対的貧困（※）がある。前者は生きていく最低限のものも欠けている状況で、私が60年前に経験したことである。後者は国によってGDPが違うので、国ごとに貧困の状況が変わってくる。このように「貧困とは何か」という定義は難しい。アフリカ貧民街の子どもに比べたら日本の子どもは恵まれている、だから日本の子どもの貧困はありえない、そう断言する文化人もいる。しかし住んでいる国での最低限の生活が保障されない人々は貧困であると定義するのが一般的だと、私は考えている。

　2008年に刊行され話題になった『子どもの貧困』の第二弾である。OECD

の相対的貧困率からみると、日本の子どもの貧困率がかなり高いことが判明し、前回の本は、多くの教育関係者に衝撃を与えた。

『子どもの貧困Ⅱ』では建設的な解決策を提示しているので、教育現場に携わっている関係者には、より身近な内容となっている。なぜ具体的な解決策を急がなくてはならないのか、その理由も詳しく書かれている。貧困を人道的見地からと、経済的見地からとらえる方法がある。人道的見地は当然として、さらに踏み込んで、経済的見地からの政策提言を行おうとしている。このことは「貧困状況に育った子どもは、学力や学歴が低いというリスク、健康状態が悪いというリスク、大人になっても貧困であるリスクが、そうでない子どもに比べて高い。経済的には、子ども期の貧困は、成人となってからの賃金や生産性も低くするので、社会経済全体にも大きな損失となる」と述べていることからもわかる（この見解は一定のエビデンスをもとにしたもので、著者の単なる思い込みではない）。

教育社会学の分野では、親の学歴や収入と学力に相関関係があることがわかってきている。また生活保護を受けている家庭が多い地域の学力が低いことは、2007年から再び始まった全国学力・学習状況調査でも判明している。

もう少し具体的に述べるなら、子どもの貧困を少なくすれば、貧困でない子どもの生涯獲得賃金は増加し、不健康になった人にかかる社会的費用（医療費や社会福祉関係費など）が減少する。国全体で考えると収入である税金が増え、支出する税金が減少することになるから、社会全体の利益につながっていく。貧困対策を施すと、犯罪率が低下することがわかっているので、普通の市民社会が成立して生活しやすくなり、他の人々も安心して生産したり消費したりする経済活動が可能な安全な社会となる。特に子どもの貧困対策は、社会全体に与える影響が強いということになる。

教育経済学の世界では、人的資本ということばがよく出てくることは第3章で詳しく紹介した。教育によって社会の将来のGDPを増やすので、教育費を投資と考えるのである。子どもの貧困対策は、この人的資本論と重なる部分が多くなるが、自然の成り行きではないだろうか。子どものうちに適切なケアをすることによって、自立できる市民が増え貧困が少なくなり、「貧困の負の連鎖」を断ち切る可能性がでてくる。

第2章15節で紹介したヘックマン『幼児教育の経済学』の影響をこの本は

かなり受けていると思われる。民間教育関係者で、幼児教育に関心を持っている方も多いと思うが、日本の経済を再生するという意味でも、子どもの貧困と教育はこれからの重要なテーマとなるに違いない。

※相対的貧困率：ここで相対的貧困率について簡単に求め方を示しておく。世帯所得の中央値（注）の50％（半分）が相対的貧困線となる。これより左側（所得の少ない）の人々が貧困と定義される（斜線部）。貧困線より左側の階層を貧困層Ａ、そうでない（右側の）階層を非貧困層Ｂとする。貧困率＝Ａ÷（Ａ＋Ｂ）で求めることができる。これを簡略的な分布曲線で示すと次のようになる。

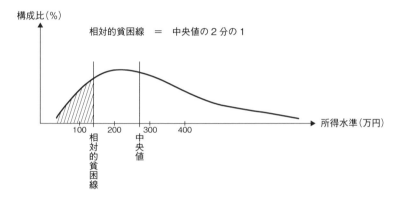

注：中央値とは、データのすべての値を小さい順に並べたとき、中央の順位にくる値。平均値と少しずれることが多い。

目　次 ———

32

伊東光晴

『アベノミクス批判
──四本の矢を折る』

(2014 岩波書店)

　2017年の夏頃から、日本の政治はジェットコースターの状況で、混沌とした世界になってきた。教育に関する森友学園問題・加計学園問題、政治に関する沖縄の普天間基地移設問題・イージスアショアの問題、経済に関する年金生活での老後破産（2000万円）問題など、数え上げたらかなりになる。2019年7月の参議院選挙は、経済政策が争点の１つとなっていた。教育問題の重要なテーマの一つが経済資本（所得など）と関係が深い学力であるから、学校の教師や民間教育関係者も、政治経済の動向に無関心ではいられない。

　我々にとって政治経済分野で目を離せないのが、「アベノミクス」ではないだろうか。アベノミクスの三本の矢、ということばだけが独り歩きしているが、経済理論を知らないので実はその内容はよくわからない、という方も多いのではないだろうか。今回取り上げた本は、アベノミクスの内容をていねいに検証しており、現在の経済政策や現状がよくわかる啓蒙書である。

　伊東光晴氏は、『ケインズ』（岩波新書、1962年）を57年前に書き、ケインズ経済学を広めた経済学者の１人として知られている。専門家を想定して書いたと言われているケインズの『雇用・利子および貨幣の一般理論』は、難解な経済学書として有名であるが、その主要部分を一般の人にも理解できるように解説したのが『ケインズ』という新書である。これによって、乗数理論（第２章09節参照）という経済用語が多くの日本人に知れ渡ることになった。1950年代後半から始まり15年間程続いた高度経済成長は、乗数理論である程度説明できると言われている。

　アベノミクスの第１の矢は、金融政策である。日銀の総裁がゼロ金利政策を発表する時の映像をテレビで見た方も多いのではないだろうか（いつも自信たっぷりの会見でインパクトがあるが、時に虚勢を張っているように見える）。この金融政策

が現在の日本のような成熟した社会で通用するかどうかを、理論経済学者の立場から、詳細に検証している。なぜ思ったほど金融政策が機能していないのか、その理由が理路整然と書かれている。現在の日銀総裁は旧大蔵省の官僚で財務官を務めた実務家である。現場の実務家が推し進めている金融政策を、経済理論を専門とする学者が批判しているという構図となっている。今の金融政策で「投資」や「個人消費」がなぜ思った以上に伸びないかが述べられている。

　アベノミクスの第2の矢は、財政政策である。税金を投入して公共事業などの経済政策で需要を創出するというもので、高度経済成長時代のケインズ政策を思い出す人も多いと思われる。これに対して今の日本で本当に需要が創出されるのかを、高度経済成長時代の経済政策をよく知っている理論経済学者が、分析してみせている。第2の矢はケインズの乗数理論の乗数効果と関係あるが、そのことについて本書にそれこそ「理論」的に整然と書かれている。伊東氏は公共投資をするなら、どれだけの効果があるのかを検証してからすべきであると主張している。いま流行のことばで言うなら「コスパ」を重要視している。50年前のインフラ整備を目的とした公共投資と同じことをしていたら、乗数効果はあまり期待できないと何となく感じていたが、理詰めでの解説を読むと、妙に納得する。

　アベノミクスの第3の矢は、民間投資を喚起する成長戦略である。具体的には、国会で話題になっている（2018年頃）規制緩和等によって、民間企業や公益法人や個人が実力を発揮できる社会にしていくというものである。経済成長戦略の中心は「日本産業再興プラン」であり、その中で「産業競争力を高めて世界で一番企業が活動しやすい環境の整備」のプランを6つ挙げている。これらに対して詳細な検討がなされている。この項目の中で、原子力発電の再稼働の問題も、経済的な見地から論じている。経済的メリットがあるのかどうか、そして経済成長に寄与するのかを経済政策に精通している著者が検討し、具体的な提言を述べている。

　2019年10月から消費税が10%になった。今後この消費税を下げるのか、それとも将来15%以上にしていくのか、経済の専門家や政治家の間で議論になっている。多くの政治家は現在のところ（2019年11月）、消費税を下げたいと思っているようだ。だれが税金を支払うのか、そしてだれがそれを受け取るのか、といった政策は選挙に大変影響することは過去の経験からわかっている。そのため一般市民に受けのよい政策をしがちになる。しかし経済政策は目先のことだけ

を考えると、長期的にはデメリットな政策になることが多い。今回の増税の問題は、我々が将来どのような福祉国家にしていくのかに強く関係してくる。このような重要な議論に参加するには、どうしても経済の基本的な知識が必要となる。この本は、議論に参加し、自分の考えで判断するための土台となるに違いない。

　2000年以降環境問題や持続可能な社会のことが、小・中学校の理科や社会の教科書によく出てくる。教育の仕事をしている人はもちろん、イデオロギー的に伊東氏に反対の立場をとる人々にも有効な啓蒙書となっている。異なるイデオロギーの人が議論する時の「土台」となる本と言ってもよいかもしれない。

33

橋本健二
『**新・日本の階級社会**』

(2018 講談社)

　21世紀に入る頃から「格差」という言葉に、多くの人々が関心を示す時代になってきた。教育学では「学力格差」、経済学では「経済格差」、社会学では「社会格差」という用語をよく使う。「社会格差」を使う時は、社会で起きている負の問題が、政治およびイデオロギーにつながっていくことが普通である。1950年代から1970年代に日本の社会を揺さぶっていた、労働組合の労働者と企業の経営者の階級闘争を思い出す方もいるのではないだろうか。55体制とも言われ、(貧しい) 労働者階級と (富裕な) 資本家階級の対立を想起させる用語が「階級」である。自由民主党と社会党の政策論争となり1980年代頃まで続いた。

　日本の社会学の発展に貢献した富永健一氏は、橋本健二氏を、日本版マルクス主義社会学を主体とした社会学者 (『戦後日本の社会学』東京大学出版会) と位置づけている。しかし橋本健二氏はこの著作の中で、現代産業社会では、労働者階級と資本家階級の対立という従来の構図は消滅していると断言している。1955年に社会学者が始めたSSM調査 (※) をもとにして、新たに5つの階級に分類し、日本の格差の現状を分析している。

　資本家階級 (文字通り資本家)、新中間階級 (管理職・研究職など)、正規労働者 (事務職、サービス職など)、旧中間階級 (農業・中小企業主など)、非正規労働者の5つに分類している。最後の非正規労働者を、アンダークラス (パート主婦を除く非正規労働者) とパート主婦に分けると、6分類となる。

　この分類法に違和感を持つ方もいると思われるが、近代産業社会の格差問題を議論する場合、いくつかの階層や階級に分けなくてはならないので、いたしかたない部分があるのだろう。50年前のように単純に資本家と労働者という2つの階級に分けて考えることができない時代になってきたことがこの本を読

むとよくわかる。

　1990年代から経済格差が話題になったが、階級対立といった視点から格差問題を本格的に論じた内容となっている。多くの人が自分は「中流」だと思っていたのだが、いつのまにかジニ係数（1に近いほど不平等度が高い）が大きくなり、「分断化された社会」という言葉も広まった。本当に格差は広がったのか、自分の意識だけでなく、日本の所得分配も含め、それぞれの階級（6分類）を分析している。専門家向けの用語はできるだけ避け、中学の教科書などで習う表やグラフを多用して、分かりやすく論じている。

　非正規社員の急増をきっかけに、日本も少しずつ格差が拡大してきていることがわかる。従来の資本家と労働者の対立といった構図よりも複雑だが、一部の富裕層と貧困の度合いが高い貧困層（アンダークラス）との二極分化が進み、豊かな人はより豊かに、貧しい人はより貧しい、「日本型階級社会」の実態が明らかになった。

　ではなぜ格差が拡大すると日本の社会の危機なのか、なぜこの状態をそのままにしておくと墓穴を掘ることになるのか、そのことを最後の章でわかりやすく論じている。

　格差がひろがり貧困層が多くなると、犯罪の増加や健康状態の悪化、生活保護費の増大など社会的コストが高くなることが、経済学者の研究や、OECDの報告書で明らかとなっている。また、貧困層の増加による人的資源の損失（1人当たりの生産性の低下：労働力の価値の低下）により、GDPの成長率が引き下げられることも、同報告書に記載されている。また貧困層が生産活動からドロップアウトする確率も高い。

　格差拡大社会の弊害を、新中間階級や正規労働者や旧中間階級の人々が理解すれば、所得を再分配する制度や格差を縮小する政策が実現する可能性が高いことを予想している（今のところ選挙でこのような問題を正面から取り上げている政治家は少ない）。

　この格差の問題は日本だけでなく、アメリカ合衆国やフランスやドイツやオランダなどのEU諸国でも目立ち始めた。グローバル化した社会ではさらにクローズアップされる問題であろう。なおオランダは労働時間を短くしかつ非正規社会を大幅に減らすことに成功した国として知られている。EUの中でも安定した成長を続けている（第7章66節参照）。

※ SSM調査…日本の社会階層と社会移動に関して継続的に実施されている全国規模の標本調査（『岩波小辞典』「社会学」）。1955年以来10年おきに調査され2015年に第7回調査が実施された。職業、学歴、収入、階層意識、家族関係、消費財の保有、政治意識、教育意識も調べている。学力格差を考察する際、SSM調査を利用する研究者は多い。

34

小内透（編著）
『教育の不平等』

（2009 日本図書センター）

　50年程前までは、市場経済の資本主義社会と計画経済の社会主義社会の対立という構図があったが、1991年にソビエト連邦が解体した後は、そのような構図は成り立たなくなった。保守と革新の対立という関係を象徴的に示す日本の「55体制」も崩壊したと考えてよいだろう。この時期を境に、計画経済の国はほとんど消滅し、市場経済中心の国が大勢を占めることになった。前者は基本的に機会と結果の平等を目指す経済制度で、後者は機会は平等だが結果は不平等（所得や資産の格差）を認める経済制度である。教育制度は政治経済にリンクすることが多いので、世界の多くの国では教育の機会は平等にすべきだが、結果（学力の格差など）に関しては平等にこだわらないという考えの人が多い。

　このような観点から教育を考えると、不平等の実態が見えてくるのではないだろうか。

　フランスの社会学者P・ブルデューが広めた「文化資本」は、平等な公教育政策を行ったとしても、結果は不平等になることを明らかにした用語である。生まれ育った場所が教育にふさわしい環境（書物や生活に便利な道具の所有が豊富で芸術文化に接する機会が多いなど）なら、文化資本に恵まれているという。親の学歴が高い家庭では、金融資産や不動産が多く、豊かな文化資本と社会関係資本（家族・友人・同僚、同窓生などの人間関係。人脈に近い）も所有する可能性が高い。そのような家族の子どもはスタートから恵まれていることになる。

　このような事実がわかってくると、幼少期から教育の不平等が生じていることになる。富裕層の家庭の子どもは生まれつき学力が高いと、自分達や周囲の人々が思い込むことがある。IQはDNAの影響が強いと信じていた人も多かったと思われる。そのため、学力が高いのは「家柄」や「遺伝」のためだと勘違

いしてしまうことが今までよくあったのではないだろうか。お金持ちの子ども
のIQは高いから学力も高い、貧しい子どもはIQが低いので学力もそこそこだ。
しかし文化資本の概念で教育や学力を考えると、「環境」の内容で学力も変化
してくることが予想できる。

　資本主義社会での教育は、「機会は平等」のはずであったが、そうでないこ
とを教育社会学者が中心になり、所得、学歴、学力、貧困などの相関関係を調
べ、階層社会がどのように変化してきているかを明らかにしつつある。

　この本のはしがきに、次のような指摘がなされている。「現在では、一方で、
かつての『一億総中流』の時代は終焉をむかえ、貧困層が増大する深刻な格差
拡大の時代になったとする主張がなされ、他方で、言われるほどの格差はない
し、活力ある社会を維持するためには、ある程度の格差はやむをえないとの主
張がなされる状態になっている」。

　この文言を読めば、この本は、「格差」というテーマを「拡大している」、そ
してその逆の「拡大していない」という両方の立場から編集されていることが
わかる。教育を中心とした格差に関した論文を集めた「リーディングス」であ
る。

　このリーディングスは1990年代後半以降に発表された論文がほとんどであ
る。学歴社会や階層移動（農民→ブルーカラー、ホワイトカラー→資本家など）はも
ちろん、ここ20年でよく話題になる貧困、学力問題、エリート教育、教育と
市場原理、新しい能力などの論考も含まれている。

　第1章から第3章にかけて何回か述べてきたが、日本の教育はOECDが
2000年から始めたPISA（国際的な学力調査）から、大きく変化したことを忘れ
てはならないだろう。成熟社会での学力観の変化に注目したい。今までとは
違った学力や能力のことが、経済政策の提言集団であるOECDから発せられ
ている。

　2020年を境にして日本の教育政策は変わろうとしている。OECDは経済や
労働のことだけでなく環境問題に対しても積極的に関わろうとしている。
1972年のローマクラブの「成長の限界」を意識しながら、「持続可能な社会」
を念頭に置いた政策提言を矢継ぎ早に出している。当然国連が2015年に採択
したSDGsの17の目標（拙著「プロローグ」参照）とも関連している。その大き
な流れの中で、日本の教育政策が転換していこうとしている。そのことがよく

わかるリーディングスが、「教育の不平等」である。多くの不平等は「結果の不平等」として、それを肯定してしまいがちである。しかし目をつぶっていると、しらないうちに富裕層と貧困層の格差が広がり不安定な社会となり、国全体の船が沈んでいくことになるかもしれない。

────────────── 目　次 ──────────────

35

竹内洋

『立志・苦学・出世
── 受験生の社会史』

（2015 講談社）

　学歴社会は一時期マスコミでも話題になった。学校歴社会（入学の難易度で大学が評価される）ということばも生まれたが、常に受験と密接に関係しているので、日本の教育関係者及び保護者の方にとっては目が離せない四文字である。

　1970年代から1990年代にかけて受験競争が激化していると多くの教育関係者は主張し、ほとんどのマスコミも競争を煽るような報道をしていた。しかし1950年代から1960年代の期間よりも、1970年代以降の約40年間、受験競争率は確実に低下し（主に高校及び大学受験）、学習内容は1970年代後半から2005年頃まで、やさしくなってきていたのが実態であった。受験競争は激化していない、というエビデンスはかなりあるが、中学受験を中心に一部の階層で「受験競争意識」が強かったため、多くの人々が受験に対して全体的に激化していると誤解をしてしまったからだ（これに関しては拙著『学歴社会と塾』（新評論、1993年）、『塾──学校スリム化時代を前に』（岩波書店、2000年）を参照）。

　受験競争が激化しているため、校内暴力、不登校、いじめ、引きこもりなどの様々な教育問題が生じると多くの人が思い込んでいる間に、1999年に学力低下論争が始まったことを覚えている方も多いのではないだろうか。実は、受験競争と先に示した様々な教育問題は、相関関係を示すデータがないだけでなく、因果関係もまだはっきりわかっていないと言われている。ちなみに青少年の犯罪の多くは教育に原因を求める「教育病理」ではなく、社会に原因を求める「社会病理」であることも忘れてはならない。

　「受験勉強」ということばは、今でも肯定的には使われないが、いつ頃から多くの人の目にふれるようになったのかは、学校の教師や塾の経営者も知らないのではないだろうか。しかし明治の中頃には今で言う受験雑誌が出現していた。受験ということばがひんぱんに出てくるのは明治の末頃であり、「受験勉

強」という用語が立身出世に結びついて広まったことが書かれている。この本のサブタイトルが「受験生の社会史」となっている通り、明治から現代（主に1990年頃）までの受験のことが詳しく書かれている。

　現在の中学及び高校の受験勉強は、塾での比重が高くなっている。特に中学受験は公立小学校の影響力はほとんどないと言ってよいだろう。難関高校や難関大学合格も、進学塾や予備校の貢献が大であることを否定できる教育関係者は少ない。「受験勉強」は「学歴による立身出世」に多大な寄与をしていることは明らかである。現在その手助けをしているのが民間教育機関である。

　1960年代までは、大都市を中心に公立の中学校内で受験生のための補習が、保護者の期待にこたえて実施されていた地域があった。小・中学校を含めた公立の学校も、正規の授業外で受験の手助けをしていた時代があったことを知る人は少なくなってきた。しかし21世紀に入ると、放課後に受験指導をする公立の中学（東京などで）が出現したが、その後その動きは広まっていない。

　受験とは何か、学歴はこれからも必要なのか、今どのような学力が求められているのか、いろいろと悩む保護者や教育関係者が大多数であろう。「受験」の歴史のことを知ると、自分なりのこれからの方向性のヒントを得られる気がしてならない。またこの本を読むと、日本の「受験勉強」は欧米と比べると大変特殊な世界であることがわかる。正確には日本を含めた「東南アジア型教育圏」の特徴の1つと言える。ドーアの『学歴社会新しい文明病』（岩波書店）に出てくるキャッチアップ型の学歴社会は、発展途上国である東南アジアに共通している部分があるが、当然かつての日本もその中の1つに入っている。

36

速水敏彦

『他人を見下す若者たち』

（2006 講談社）

　1970年代から校内暴力が話題になり、1980年代からは不登校やいじめや引きこもりが多くなってきた。そして1990年代からは、教師の話を聞かないで授業中に立ち歩く子どもがふえた。いわゆる学級崩壊がふつうの学級や学校で見られるようになったのは1990年代からである。

　このような子どもをテレビや新聞のニュースなどで見聞きし、「今の教育はどうなっているんだ。教師の質が落ちている」という大人が必ず出てくる。エスカレートすると、「教育委員会は何をしている！」「今の文部科学省の小役人はけしからん」「政治がくさっている。官僚の世界を支配している東大の法学部は…」というフレーズが次から次へと広まる。教育に関する不祥事はこのような「犯人捜しゲーム」のターゲットとなることが多い。教育に期待しているというよりも、大人も子どもも身近かな「教育」に、自分の体験だけで相手にストレートにストレスをぶつけて、うっぷんをはらすかのようだ。教育改革が何回も繰り返される要因の１つではないだろうか。

　教育関係の不祥事は学校側だけに問題があるのではなく、社会や家庭の環境の激変のため、子どもの立ち居振る舞いが変わったことが主な要因であると考えるのが妥当だろう（これを社会病理説と言う研究者もいる）。なぜなら小学校に入学する前までは、家庭での生活時間が圧倒的に多く、入学後も子どもの学校での生活は多くて１日の約３分の１程であるからだ（睡眠時間も生活に含める）。

　学校で生じる負の問題の多くは、小・中・高生の行動が昔と違ってきているためではないかと感じているのは、私だけではなさそうだ。この本は13年前にちょっとしたベストセラーになった、教育心理学者が書いた現代の若者論である。たんなる思い込みではなく、いくつかのエビデンスをもとに実証的に論じているので、なるほどとうなずける内容のものがほとんどであった。

自分に甘く他人に厳しい、努力せずに成果が欲しい、すぐにいらつきキレる、悪いと思っても謝らない、入社したての社員が上司に説教をする、こういう行動をとる「他人を見下す若者たち」がふえている現象を、ていねいに分析している。IQ神話が支配している環境で育った人は、「自分以外はバカ」だと思っているようだ。そういう生徒や学生がふえたことは、多くの教師が実感しているのではないだろうか。

　著者は、現代の若者は些細なことでキレやすいと言う。先生（大人）から不平等な扱いを受けたり、相手が少しでも有利な条件で勝負に挑んだような時に、怒りが爆発する。個人の損得には敏感になって怒りをあらわにするが、社会の損得や他者の損得には共感できず鈍感になり、社会全体に関わる不条理なこと（ニューヨークのビルのテロなど）に関しても、怒りをあらわにすることは減少している。10％の消費税が必要かどうか、地球環境に原子力発電はやさしいか、といった、持続可能な社会に関するテーマでさえも、あまり関心を示さない人が増えてくることを予感させるものがある。

　他者を軽視するのは、子どもや若者が内心自信を喪失しており、一種の防衛機能がはたらき他者を軽視することで自信を取り戻そうとしているためであると言う。このことを「仮想的有能感」という用語で説明している。過去の実績や経験に基づくことなく、他者の能力を低く見積もることに伴って生じる本物でない有能感を、「仮想的有能感」と著者は定義している。

　また、成功するかどうか五分五分の場合、あえて挑戦しようとはせず、楽な道を選ぼうとする。失敗すると自分が低く見られるのが苦痛になる。何もしなければ、又努力をしなければ、「あいつは実行しなかったから、努力をしなかったから」という評価で終わる。「やればできたのに、努力すれば…」という逃げ道があると安心する。

　この仮想的有能感を持つ子どもや若者がふえているため、他人を見下す人が多くなってきたが、その社会的・文化的要因（これは社会学の範囲だが）にもふれている。機械とマスメディア（テレビも含め）の発達（2019年現在ならスマホも）と個人主義の先鋭化が要因であると論じているが、私も同感である。仮想的有能感を持つ市民がふえるにしたがって、政治に関心を持たず選挙に行くことさえ避けてしまうことにもなりかねない。政治は他人事と思うからであろう。この仮想的有能感を持つ子どもや若者は、恵まれた家庭で育っているのかもしれ

ない。

　学校外の生活時間の方が、義務教育の時でさえも多いという事実を忘れてしまっている大人が多い。何か教育の問題が発生したら、まず自分や自分の家族のことをメタ認知を活用して検証し、次に学校や行政の対応を考えるようにしたい。「他人を見下す若者たち」の特徴はまず先に相手の「弱点や非」を指摘することであるとすると、彼らが大人になったら、議会制民主主義は成立しないことになってしまう。この制度は、持続可能な社会にするためにも必要不可欠であることは明らかである。

　子どもや若者の行動を知ると、子どもや若者とコミュニケーションをとるのがうまくいくに違いない。教育書ではないが、教師や保護者が今どきの子どもや親と接するときに役立つ内容である。これから20代の若い人達と接触する機会が多くなる企業や学校の管理職の方だけでなく、子どもの対応に困っている保護者の方にもぜひ読んでいただきたい本の一冊である。

37

本田由紀

『多元化する「能力」と日本社会
──ハイパー・メリトクラシー化のなかで』
（2005 NTT 出版）

　2000年前後の学力低下論争はエビデンスのない、あまり議論がかみあわない出来事であった。しかし多くの人々が「学力」について真剣に考えるきっかけをつくったという功績はあるのではないだろうか。2000年から始まったOECD の PISA は、読解力、数学的リテラシー、科学的リテラシーなどを調査するテストである。今までと違った学力を測定しようと試みているテストで、多くの教育関係者の注目を集めた（2019年12月3日、2018年 PISA の結果が発表され、多くの新聞のトップ記事となった）。日本だけでなく世界各国でも注目された。学力低下論争や PISA をきっかけに、学力や能力に関した著作が21世紀に入ってから急激に増えた。文部省が OECD の教育政策を積極的に取り込もうと考えていた頃である。国立教育政策研究所からは OECD の学力や能力の文献が多くなるのは当然であろう。第5章の38節から41節は学力や能力に関してのOECD から発せられた文献である。コンピテンシーという用語も教育界で広まりつつある。本来は経済用語として使われることが多かった人的資本(Human Capital) が、教育関係の著作にも頻繁に出てくるようになった。これらは持続可能な社会にするために、「人間の知恵や能力」を活用しようとする動きととらえることもできるであろう。

　このような時期に本田由紀氏が「ハイパー・メリトクラシー」という用語をつくり、現代社会の能力論及び教育論を展開している。ハイパー・メリトクラシー（メリトクラシー〈※〉よりもっと強力なという意味）が人々に要請する諸能力を「ポスト近代型能力」と総称している。

　「ポスト近代型能力」は次のように定義されている。「意欲や独創性、対人能力やネットワークの形成力、問題解決能力などの、柔軟で個人の人格や情動の深い部分に根ざした諸能力を意味している。従来のメリトクラシーではそれほ

ど重視されていなかった、これらの目に見えにくい諸能力が、ハイパー・メリトクラシー下ではるかに注目され重視されるようになり、人々の社会的位置づけを左右し始める、というのが本書の仮説である」。

「近代型能力」と「ポスト近代型能力」を対峙させて論を進めている。前者はアチーブメントテストなどで測定しやすい知識を中心とした学力・能力で、心理学の分野で「認知能力」と呼ばれているものに近いと思われる。後者は従来のアチーブメントテストでは測定しにくい「非認知能力」に近い概念と思われる（拙著プロローグ及び第5章参照）。

これからの社会でどのような能力が求められるのかを論じているが、具体的なデータ（エビデンス）をもとにしてたいへんわかりやすく展開している。序章は論理的な記述が中心である。次の第1章は経済界とハイパー・メリトクラシーの関係を、文部省が唱えている「生きる力」（1996年中教審第1次答申）をキーワードに、具体的事例をもとに論じている。「生きる力」や「人間力」という用語を「ポスト近代型能力」のことを念頭に検討している。

第2章は小・中学生の学びの意認や能力について、1989年と2001年のデータをもとに詳しい分析を行っている。第3章はサンプルは少ないがやはりデータを用いて高校生の「近代型能力」と「ポスト近代型能力」について分析している。対人能力中心に国際比較も行っている。第4章は15歳から30歳までの青少年のデータから、社会に出てから必要とされる「生きるためのスキル」について論じている。

第5章は先進国の中では日本女性の社会への参加率が目立って低いことに言及している。今の経済の停滞から脱出し、持続可能な社会にするには、女性の社会進出がキーワードになっていることを思い出させる内容だ。1970年代までのオランダは今の日本と同様、女性の就業率が低かったが、1980年からの改革でヨーロッパの中で目立った経済成長を成しとげている（第7章66節参照）。

第6章はハイパー・メリトクラシーの時代に対処するための具体的な提言となっている。企業社会と教育の関係を能力とハイパー・メリトクラシーをキーワードにして、小学生から30歳の成人までを対象に分析している。

最後の章で、義務教育後の教育での「専門性」に対して強い期待をしている。社会との接点を持ち、学びの目的をはっきりさせてモチベーションを上げるためには、「専門性」が必要ととらえているようだ。高校や大学の前半を「リベ

ラルアーツ」と考え、その後に社会進出をという段取りのようである。一般の高校は普通科に偏りすぎているので、専門高校の量的拡大をし、社会構造（ポスト近代の社会システム…小宮山）に対応できる教育を唱えている。

　様々なデータを駆使して「ポスト近代型能力」を論じているので、今の社会状況を知り、持続可能な社会にするためには教育に何ができるかを考える上で、大変参考になる本である。なお著者はポスト近代型能力を、今の経済界・教育界が期待している能力ととらえていることを付しておく（著者は賛同しているわけではない）。

※メリトクラシー（meritocracy）…「人の評価は、身分・家柄などではなく、本人の知能・努力・業績によるべきだとする考え方。またそのような考えに立つ社会」（『広辞苑』（第六版）より）。イギリスの社会学者ヤングの造語で、日本では教育社会学者がよく使う。代表的な著作として『日本のメリトクラシー』（竹内洋、東京大学出版会）がある。

―――――――――――――――――――　目　次　―――――――――――――――――――

第 5 章

OECD の教育政策提言を知る

Overview

　人々は「人間の幸せ」を求めて働いてきたという歴史がある。食糧の生産、快適な住居、豊かな自然、人や商品を運ぶ船や自動車や電車といった便利な移動手段は、人を幸せにする。インターネットは知識を豊富に手にする情報手段だけでなく、人との交流を密にする。これらは科学技術の発明により経済成長が継続してきたおかげである。経済の発展は人間に、一定の幸福をもたらしたことを否定する人は少ないのではないだろうか。

　経済成長を主な目的として 1961 年に発足した OECD（経済協力開発機構）が、持続可能な社会を目指すための教育政策の提言を、20 世紀の末頃から 20 年以上に渡って行っている。経済成長に偏重していると言われることがあるが、経済だけでなく環境や生きていくために必要な能力に関しても積極的に提言している。さらに最近では「人間の幸せ」の度合いを調べようとしている。

　OECD の教育政策の提言は、主に国立教育政策研究所を通して発信されている。結果的に学術図書が得意な明石書店から 9 冊選んだが、具体的なデータを基にした論考がほとんどなので、読み易い本である。

　今や教育界では「エビデンス」なしの空想的イデオロギー的な議論は難しくなってきている。38 節でエビデンスの本を取り上げたのはそのためである。39 節は経済と労働と教育を考えるヒントに、40 節は企業社会で必要とされる能力について詳細に述べている。41 節は、持続可能な社会を想定した、具体的な学習方法に言及している。42 節は、41 節との関連が強い内容である。蓄積された経験が豊かな資源となって、生涯学習に結びついていくことを明らかにしている。社会が持続的に再生産されるには、生涯学習が重要であることがわかる。43 節では、メタ認知と学習及び経験資本が密接に関わっていることが示唆されている。44 節は教育が仕事にどのような影響を与えるかが述べられている。教育を単なる消費（肩書きとしての学歴獲得）ではなく、生産的なキャリアに結びつけることが、個人が、家族が、国が再生産されるために必要であることがわかる。45 節は、象徴としての学歴はいかに非生産的かが明らかとなり、教育は何のためにあるかを考えさせてくれる。最後の 46 節では、「幸せとは何か」という、人間にとって重要かつとても厄介なテーマに取りくんでいる。

38

国立教育政策研究所（編）

『教育研究とエビデンス
——国際的動向と日本の現状と課題』

（2012 明石書店）

　エビデンスという用語がここ10年、教育界でよく使われるようになってきた。エビデンス（evidence）を英和辞典でひくと「証拠・根拠」という訳が出ている。もともとはアメリカの医療分野で1990年代から使われ始めたと言われている。医師の経験と勘だけに頼るのではなく、しっかりとした医学共通の知見で診断と治療を行うためにエビデンスを活用してきた。病院に電子カルテが入ってきた頃と、エビデンス重視の医療が行われ始めたのは偶然の一致ではないだろう。生死にかかわる患者を受け入れることが多い大きな病院では、無駄のない効率のよい医療が求められるからだ。

　ランダム化比較試験（RCT）の結果を統計的に処理することによって得られるのが、医療分野で用いられる「エビデンス」である。RCT とは、ランダムに振り分けられた2つの等質のグループのうち、1つのグループに投薬や治療を行った結果を集め、統計的手法でその有効性を確認する方法である。新薬の開発にこの RCT が使われている、といえばわかりやすいかもしれない。

　ではなぜ教育にかかわる政策や研究で、「エビデンス」という用語が注目されるようになったのであろうか。その理由を次のように述べている。「…その大きな理由は、教育への社会的投資に対する一般の人々への説明責任が生じていること、あるいは財政危機に直面する多くの先進諸国が競争的に財源を確保するため、資金を投入することを支持する根拠が求められていることがある」。

　この文言を読むと、OECD が2000年から始めた PISA との関連があることがわかる。持続可能な社会を目指すには、様々な部門に資金（主に税金）を投入しなくてはならない。そのため教育費も「費用対効果」（コスパ）を切実に求められる時代になったと考えることができる。

　教育に対する自分の考えをもっている人は、経済学や社会学や文学よりも圧

倒的に多い。教育に関する研究者や政策に関わっている人や学校関係者は言うに及ばず、子育てをした経験のある人、さらに今まで教育を受けたことがある人は、教育に対する確固たる信念をもっている人がいる。自分の経験をもとにした「教育はこうあるべきだ」「頭のよい子に育てるには…」といったタイトルの本は、今でもそこそこ売れると聞く。

　社会的に成功した実業家や文化人が、時々子育てや学力に関した本を書き、ベストセラーになる。無名な親でも、子どもが全員東大の理Ⅲに合格すれば、それだけで独自のエビデンスなしの教育論を展開して、マスコミにもてはやされる。東大の医学部に進学し、そのあと何科の医者になりどのような社会貢献をしているかなどは問われない。ただ難関大学に子どもが合格しただけで、「子育てが成功した母親」としてマスコミなどが持ち上げる。学歴を1つの勲章と考える「学歴の象徴的価値」と同じである。学歴の効用ではなく「受験に成功した」だけで、学習論や教育論が独り歩きを始める。著名な作家の「スパルタ教育論」が一時もてはやされたが、その子ども達がどのように育って、どのような貢献をしているかどうか定かではない。

　まじめに教育を研究している教育者や教育政策を立案している教育関係者は、このような一部の体験だけで教育を語ることはしない。教育に関係した（子育ても含む）人が100人いれば100通りの教育論が噴出する、というのが教育の世界であった。2000年前後の学力低下論争は、エビデンスがほとんどない個人の思い込みが強い論争として教育史に残るであろう。根拠がないところでの教育政策が行われたら、そしてさらに教育投資が行われたとしたら、社会全体から見たら大変不経済で、不幸な立場に追い込まれる親子も出てくるに違いない。

　エビデンスという言葉が教育政策に登場してきた背景を次のように述べている。

「第一に、先進諸国のイノベーションや経済成長の要因として『教育や知識の重要性』が増していること、第二に、教育費支出のうえで『費用対効果を求めるアカウンタビリティ（説明責任）』の意識が生じていること、第三に、教育研究の『質や有効性』を高めるようとする動きがあること、の3つの点を指摘している（OECD教育研究革新センター, 2009）。その結論は、新たに生じる政策課題への対応と、政策を形成する際、より合理的な選択肢を提示するには、エビデンスを伴う政策研究が求められるというところにある。」

ここで取り上げた本は、我が国で最初に本格的に「教育に関するエビデンス」を論じている。現在の文科省は、少ない予算でエビデンスをもとにした政策を行おうとしている。教育にエビデンスを最初に活用しはじめたのは2001年のアメリカであると言われている。OECD の PISA の開始が2000年であるのと関連がありそうだ。

　文科省の附属研究機関の国立教育政策研究所が総力をあげて書き上げたエビデンスに関した論考ばかりである。これからの教育のことを考える上で外すことのできない内容となっている。

　テキスト形式の作りになっているので、初心者でも取り組みやすい作り方になっている。各章にはたいがい「はじめに」と「おわりに」があり、読みやすくするための工夫がしてある。また付録Ｂとして「用語解説」があるので、専門的予備知識が心配な人には、大変助かる。持続可能な社会を念頭に書いていることは言うまでもない。拙著66冊の本を読む時に役立つ内容なので、目次はかなり詳しくした。

―――――――――――――――― 目　次 ――――――――――――――――

に：日本の今後のアジェンダの提言

第5章　エビデンス活用の推進に向けた欧州の取り組み

第1節 はじめに／第2節「エビデンス」の活用とは何か／第3節 欧州委員会委託事業について／第4節 欧州における議論の経緯／第5節 おわりに：日本におけるエビデンス活用の推進に向けた考察

第6章　日本のエビデンスに基づく医療（EBM）の動きからのレッスン

第1節 はじめに／第2節「EBM の3人の父」／第3節 EBM とコクラン共同計画の誕生と日本への紹介／第4節 診察ガイドラインにおける日本医師会とのトラブル／第5節 教育の RCT における倫理

第7章　エビデンス情報に基づくソーシャルワークの実践に向けて

第1節 はじめに／第2節 EBP の論理を築くクリティカル・シンキング／第3節 EBP（エビデンスに基づく実践）の実相／第4節 ソーシャルワークと教育実践の共通課題／第5節 教育結果を測定するということ／第6節 日本の教育とソーシャルワークの方向性に関する課題／第7節 モダンとポスト・モダンの揺れ／第8節 エビデンス情報に基づく教育（実践）について／第9節 おわりに

第8章　知識社会における教育研究エビデンスの課題

第1節 はじめに／第2節 研究成果の有効性と活用／第3節 エビデンスの産出の課題／第4節 エビデンスの普及の課題／第5節 エビデンスの活用の課題／第6節 おわりに：政策科学研究としての科学的手法の採用

第9章　エビデンスを活用した教育政策形成

第1節 はじめに／第2節 学習指導要領改訂とエビデンス／第3節 中教審46答申とエビデンス／第4節 政策形成・実践におけるエビデンス活用に向けて／第5節 おわりに

39

ブライアン・キーリー

『よくわかるヒューマン・キャピタル
──知ることがいかに人生を形作るか』

(2010 明石書店、OECD 編、立田慶裕訳)

　ヒューマン・キャピタル（Human Capital）という用語をよく聞くようになっ
た。日本では人的資本と訳す。以前は労働経済学や教育経済学の文献でよく目
にした用語である。OECD の国際的な学力調査 PISA（ピザ）が日本で注目さ
れるようになってから、この用語をマスコミなどでも目にするようになった。

　訳者の立田氏があとがきで述べているように、40年前は「人的資本」は、
資本主義の先兵たる企業側の発想の用語であった。教育関係者はもちろん多く
の文化人は、労働者を非人間的に扱う用語として敬遠してきた経緯がある。

　しかしグローバル化した社会で、世界各国が経済発展をするためには、一定
の知識やスキルが労働者に必要であることは明らかである。小・中学校時代に
身につける基礎・基本があって、はじめてそれぞれの人が持っている能力
（Competency、次の40節を参照）が開化していくと言ってもよいかもしれない。
教育関係者はこれまでのように人的資本に目をそむけることは、21世紀では
できないであろう。

　この人的資本の重要性を OECD は2000年頃から、世界各国にさかんに PR
している。今回紹介する本も、その流れにそった啓蒙書である。本書の第１章
には、「OECD は、指導的な民主主義国30か国から構成され、人々の生活に直
接影響する重要な政策課題についての分析や洞察を提供している。ヒューマ
ン・キャピタルという概念が、主要な社会的・経済的挑戦に対する回答として、
どのようなものを提供できるのか。本書は、その意味を提供する１つの試みで
ある」と書かれている。

　各章の見出しは次のようになっている。

第１章　変化への投資

　この本を読むと改めて、ヒューマン・キャピタルとソーシャル・キャピタルの大切さがよくわかる。OECDの定義によれば、「ヒューマン・キャピタルは、個人的、社会的、経済的な幸福の創造を促す、個人に内在した知識、スキルやコンピテンシーとその属性である」としている。そしてもう1つ人間にとって大切な資本として、ソーシャル・キャピタル（Social Capital：社会関係資本）を取り上げている。この社会関係資本を①結束型（家族・身近な友人・文化や民族性を共有する人々）、②橋渡し型（遠い友人、同僚など）、③関係型（社会階層を越える人々やグループとのつながり）の3つに分類している。OECDの定義では「集団内や集団間の協力を促す共有された規範や価値、理解と結び付いたネットワーク」となっている。

　1人ひとりの人的資本がネットワークで結びついた社会関係資本は、想像できないぐらいの大きな資本になることが予想される。ネットワークはSDGsの17の目標の1つである。グローバルなパートナーシップとの協力関係は、大いなる力を発揮するに違いない。社会関係資本は、新たなコミュニティを作る時にも必要なものである。

　ICTの機器を活用したインターネットは、多くの人々をウェブ（Web）のごとく結びつけていく役割を担うであろう。ソーシャル・キャピタルはどのようにヒューマン・キャピタルを形成するのかも重要な問題点となってくるであろう。今までは学校という狭い枠で子どもを育て学力を伸ばそうとしていたが、そう簡単にはことが進まないことがよくわかる。忙しい方は第2章と第6章だけはまず読んでいただきたいと思う。いつか時間ができた時、他の章を読みたいと思うに違いない。

　持続可能な社会を構築していくためにも必要な資本は経済資本だけでないことを再認識できる内容である。

40

立田慶裕

『キー・コンピテンシーの実践
——学び続ける教師のために』

（2014 明石書店）

　20年程前は、社会に出て役立つ学力を身につけるため、そして「生きる」力を養うために、総合的な学習という学びが注目された。そして現在はアクティブ・ラーニング（A・L）やプログラミングという用語をよく耳にするようになった。A・Lは能動的学習と日本語には訳されているが、問題解決型学習を想定している「学び方」である。プログラミングは論理的思考能力を養うのが目的という。

　これらの学習で身につけようとするものは、今まで日本で使われていた「学力」とは大分違うようだ。そのためここ10年、コンピテンシー（Competency）という用語を教育界では使うようになってきた。日本語では一般的には「能力」と訳されている。OECDのPISA（ピザ）が2000年から３年おきに実施されるようになってから、コンピテンシーという用語が教育関係者の間で広まってきた。

　今まで使用していた「学力」を実際に役立つ力に結びつけるには、「能力」という用語を使った方が便利であることがわかってきた。社会に出てから役立つ「学力」は、今までのアチーブメントテストで計測される「学力」とは違うということを鮮明に区別するのが「能力」という用語であると、個人的に理解している。「学力」は英訳することが難しい単語である。他の言語に直しにくい、日本独特のことばであることは意外と知られていない（詳しくは第６章47節を参照）。

　現代は、「知識基盤社会」と言われて久しい。それ以前はP・F・ドラッカーやD・ベルが広めた「知識社会」という用語が一般的に使われていた。知識社会よりも知識基盤社会の方が「知識」の比重が高まったというニュアンスがある。知識社会は工業化社会と対になり、脱工業化社会が知識社会ととらえられる。しかし、知識基盤社会は、知識が中心になって社会が成り立っている、科

学技術が発達したグローバル化した社会ととらえることができるのではないだ
ろうか。AIなどのICT関連の技術を想定しているものと考えられる。イノ
ベーション（Innovation）を意識した用語とも言える。

　知識基盤社会で求められる能力には様々なものがあるが、それらをまとめた
ものが「キー・コンピテンシー」（※）と考えてよいだろう。この本では、
キー・コンピテンシーとは何かを、歴史的な背景を検証しながら簡潔にまとめ
ている。「学び続ける教師のために」というサブタイトルがついているが、生
涯学習を考えている大人が読んでも役に立つ内容となっている。社会人に求め
られる「人間力」を意識した11の能力を提案している。これらは持続可能な
社会を考え、生涯学習を実践しようと思った時に必要とされる能力でもある。
SDGsの17の目標と重なる部分が多いことに注意してほしい。

　全14章から構成されていて、キー・コンピテンシーには11の能力があると
考えられている。1.展望力…ビジョンを持つ、2.物語力…道筋を作る、3.
表現力…個性を磨く、4.対話力…関係を作る、5.協働力…チームで働く、
6.問題解決力…達成感を得る、7.言葉の力…関心を持つ、8.科学的思考力
…専門家になる、9.テクノロジー…スキルを磨く、10.熟練教師の人間力、
11.省察力…ふりかえり。

　これらの11の能力は、PISAの読解力、数学的リテラシー、科学的リテラ
シーと重なる部分が多い。1、2、3、4、7の能力は、自律的に活動する力
で、これから文科省が力を入れようとしている、A・Lと関連が深いと言える。
4、5、7は、異質な集団での交流に必要な能力で、コミュニケーション（対
話）やコラボレーション（協働）を重視している。またそのような行為によっ
て達成感を得ると、人間のモチベーションは上がり、再び学ぼうとする意欲が
出てくる。6、8、9、11は世の中に出て仕事をするときのスキルとして役
立つと思われる。10と11は、教師の教育力を高める効果があるだろう。10は
生涯学習の視点から見れば、俳句や書道の先生、スポーツクラブのインストラ
クターも含まれるであろう。このサイクルが続くことによって、生涯学習につ
ながっていくことになる。

　また7、8、9は新しい情報を手に入れ知識基盤社会で生きていくために必
要な能力である。11は、心理学の世界の用語で言うなら「メタ認知」ではな
いだろうか。学歴がありプライドが高い人は、何か失敗をした時自分の非は検

証せず、他人や他の出来事（運が悪いなど）のせいにしてしまうことが多い。これではメタ認知が機能しなくなってしまう可能性が高くなる。第4章36節で紹介した『他人を見下す若者たち』はまさにこのような状況を伝えようとした本である。このメタ認知という「省察の能力」が高いと、労働力の価値は高まり、協働によって強固なネットワークが構築されるに違いない。

　学校の教師向けだが、持続可能な社会を考えている企業家や一般市民にも思い当たることが多い内容となっている。

※キー・コンピテンシー：どんな能力（コンピテンシー）を身につければ、人生の成功や幸福を得ることができ、社会の挑戦にも応えられるのか？　という発想のもと、次の3つの「力」をキー・コンピテンシーと呼ぶことにする。1）自律的に活動する力、2）道具を相互作用的に用いる力、3）異質な集団で交流する力。（『キー・コンピテンシー』（D・ライチェン他編著、立田慶裕監訳、明石書店）より）

41

OECD 教育研究革新センター（編著）
『学習の本質
　──研究の活用から実践へ』
（2013 明石書店、立田慶裕・平沢安政監訳）

　持続可能な社会ではどのような能力が求められているかは、この章の40節で取り上げた。では次に、より踏み込んで学習の本質に迫ることにしよう。

　学校で習得する「学力」や、塾などで身につける「受験学力」に関心を持つ教師や保護者は多いと思われる。教育のテーマの中心の１つである「学力」は40年程前から社会学や経済学でも注目されてきている。社会学からは文化資本（Capital Culturel）という概念で学力や学歴や階層を説明しようという試みが行われていることは、拙著に何回か出てきた。文化資本や家庭環境で身につけたハビトゥス（立居振舞…小宮山）の違いによって学力が左右されることがわかってきている。文科省が2007年から再び始めた全国学力テストは「全国学力・学習状況調査」となっているが、学力の到達度を調べるだけではなく、家庭環境（特に学習状況）を調べているのが前回の全国学力テスト（1956年～1966年）との違いである。これはフランスの社会学者Ｐ・ブルデューが広めた文化資本の影響を受けていることは明白である。

　経済学の分野からは、人的資本（Human Capital）という視点で「学力」をとらえようとする研究が活発になったことは38節で述べた。最近ではＪ・Ｊ・ヘックマンの『幼児教育の経済学』（第２章15節で紹介）が多くの教育関係者の間で話題になった。幼児の時期に適切な教育（投資）を受ければ、それ以降の学業が良好になり、高学歴を得、犯罪率が低く、健康的な生活を送ることができる確率が高くなるため、GDP向上に役立つことが、少ないサンプルであるが実証された。この事実が多くの人々に「教育経済学」に関心をいだかせるようになったことは、言うまでもないだろう。日本の教育政策を担う研究者や文科省がこれらの学問に関心を持ち、OECDの教育政策の提言を参考にして2020年の新学習指導要領になったと私は推測している。

しかし、これら社会学や経済学からアプローチした「教育」は、当然ながらその具体的な内容を問うものではなかった。どのような授業をすれば効果的であるかはブラックボックスのままであった。

　文化資本が豊かであれば学力が高くなることは、2007年から始まった全国学力・学習状況調査で明らかになってきた。又幼児教育を無償にする動きが急ピッチであるが、これはヘックマンの研究に刺激されたと言えよう。幼児教育への投資とGDPの因果関係を示したデータはまだ日本には無い状況だが、無償化の方法論は別として多くの人々はこの政策を支持している。

　学歴別（中卒・高卒・大卒）の生涯賃金を調べた、教育と投資の関係のデータが日本には存在している。人的投資がどのくらいの利益（率）になるかを調べている。しかしこのデータも教育内容には足を踏み入れていない。入れる必要が無いと主張する方もいるかもしれないが、間違った方向の教育政策で、学力が投資額の割合にくらべ伸びなかったり、社会から子どもが逸脱する確率が高かったりすれば、全体のGDPの底上げは期待できないことは明白だ。

　教育政策だけでなく、どのような学力を身につけると人間は幸せになり、かつ社会のGDPが向上するかという問題が、さらに重要なテーマになることは言うまでもないだろう。学力の内容、どのように学ぶのか、そういう学習の核心に迫ったのが、『学習の本質』である。2000年以降マスメディアなどで多くの人の目を引くようになった、OECD教育研究革新センターの編著となっている。OECDは2000年のPISA以来急速に日本の教育政策に影響を与えている。OECDが何を考えているのか、そして今の文科省は何を参考にして2020年以降の教育改革をしようとしているのかがわかる本である（OECDは費用対効果のことをかなり考えていることは38節に詳しい）。2020年頃に向けて小・中・高の教科書が大幅に変わり、新しい学習法（アクティブ・ラーニング等）が取り入れられ、入試問題も大学から変えていこうという流れになっている。この流れを知るためにも役に立つ本となっている。どのような内容なのかがわかる簡潔な文言が表紙にあったので、その一部を引用しておく。

「人がどのように学習するかについて、私たちは何を知っているのだろうか？　人はどのようにしてその知識を構成していくのか？　若者の動機や感情は、その学習にどのように影響するのか？　調べ学習、共同学習、テクノロジーの活用、形成的

アセスメント、サービス・ラーニングなどの利点として、研究から明らかにされていることは何か？そうした学習法が最も効果的になるのはどのような場合か？そして、学習は家庭環境からどのような影響を受けるのか？」

　本書は、こうした問題について認知的、情動的、生物学的、社会学的観点から、欧米の代表的な研究者の実証的な根拠（エビデンス）に基づく知見をもとに、詳細な検討を行っている。学力格差を縮める学習法はあるのか、効果のある公教育とはなにか、ということを考える時の「ヒント」を数多く発見できるであろう。2020年以降の授業をどのようにするか迷っている学校及び民間教育機関の方には、必読の書といえるだろう。

　なお忙しくて時間がない方は、8ページでまとめてある最初の「要旨」だけでも読むことをお勧めする。

42

岩崎久美子・下村英雄・柳澤文敬
伊藤素江・村田維沙・堀一輝
『経験資本と学習
──首都圏大学生 949 人の大規模調査結果』
(2016 明石書店)

「資本」と聞いて何を想像されるだろうか。「資本」は Capital の日本語訳で、お金やビジネスと関係が深い用語である。資本を論じた1867年に刊行された有名な経済書のタイトルはドイツ語で「Das Kapital」、英語で「Capital」であった。一般的には資本は経済活動を想定した用語で、経済資本という意味で使われている。特に資本主義社会の経済活動では「資本」という用語がよく使われる。

人間は自然（物）に働きかけ、何らかの手を加えて価値を生み出す存在であり、その能力を労働力の価値と言ってもよい。労働によって価値を生み出すことができるのが、人間と考えることができる。その価値を高めるための教育の発想から、人的資本（Human Capital：ベッカーなど）という考えが出てきたのではないだろうか。

1980年頃から文化資本（Capital Culturel）という用語も知られるようになった。2000年以降 PISA や全国学力・学習状況調査の再開で、日本の子どもの学力が問題視されるようになってからは、さらに多くの教育関係者が、フランスの社会学者ブルデューが広めた文化資本という用語を使うようになった。

人間が育った環境は学力や文化を再生産する土台になっている、そのため民主主義的な国家になっても階層が固定化する傾向が強く働く、それは文化資本が関与しているからだという考えである。最初は資本という用語は経済活動の中で使われたが、今では教育界でも注目を浴びるようになってきている。

経済資本、人的資本、文化資本、社会関係資本（人々の結びつきや人脈など…小宮山）は、経済学や社会学のテキストには出てくるが、「経験資本」を目にした方は少ないのではないだろうか。今回紹介するのは、今までの人生の中での経験や体験が、その人のどのような生き方に関係するのかを「経験資本」とい

う用語で検証しようと試みている。

　資本という概念を用いる限りは、実生活にプラスに作用することが基本となると思われる。文化資本の多寡で学力が左右されたり階層も決まってくる可能性が高くなることが、全国学力・学習状況調査や階層格差の研究で分かってきている。その文化資本を「経験する・体験する」ことによって、人の生き方が変わってくると言ってもよいかも知れない。この本を読んで、そのような視点から「経験資本」という新しい用語を用いて、教育のことを考えてもよいのではないかと思った。

　教育社会学を専攻している研究者を中心とした6名の共著である。「経験資本」は耳馴れない用語だが、序章で次のように定義している。「非金銭的（経済資本とは違う…小宮山）ではあるが、その蓄積が人生を豊かにし、人生の方向性を決定づける個人的資産の一部」。

　経験はその人固有の体験・履歴と言ってよいだろう。経験資本は遺伝的要因よりも後天的要因が大きい。その後天的な要因は一般的に学力（アチーブメントテストなどで測定可能）と呼ばれる認知的能力と、測定しにくい非認知的能力の2つに左右されることが多いと思われる。学習意欲や協働する力や社会的適応力などの非認知的能力は、OECDが2000年から始めたPISAにより、日本の教育関係者にも知られるようになった。

　経験資本の内容によってその人の生涯学習の関心が異なり、継続するかどうかが決まる可能性が高い。そういう資本であることが、全体を読んで感じたことである。公教育は当然であるが、塾や通信添削やスポーツクラブなどの経験が「経験資本」となるのか、気になる民間教育関係者は多いのではないだろうか。

　第1章から第6章で経験資本の実態がわかる。特に第2章から第6章は企業を経営している方にも役に立つ内容となっている。第II部（7章～10章）の経験資本と現在は、大学教育と生涯学習に関心のある方に役立つであろう。

　すべての論考は研究者向けで、エビデンスにもとづいて論じている。しかし一般の方にも読みやすい工夫が、随所に見られる。

――――――――――――――― 目　次 ―――――――――――――――

43

OECD 教育研究革新センター（編著）
『メタ認知の教育学
——生きる力を育む創造的数学力』
(2015 明石書店、篠原真子・篠原康正・袰岩晶訳)

　メタ認知に関した OECD 教育研究革新センターの報告書を取り上げること
にする。10年以上も前から一部のホワイトカラーの労働者の間では、メタ認
知という用語がよく使われていたようである。自分勝手な行動をとる、プロ
ジェクトがうまく行かないのに反省しない、人間関係がギクシャクして空気が
読めないといった場面で、「メタ認知が足りない」ということばが出てくる。
「自分で反省する」ことをメタ認知という用語で表現しているような文脈であ
る。

　この著作のサブタイトルは「生きる力を育む創造的数学力」となっている。
メタ認知というツール（道具）を活用して数学力を高める理論と実践の本と
なっている。ここ20年、メタ認知能力を高める研究が欧米や日本で盛んに
なっていていることがよくわかる本だ。

　『教育用語辞典』（ミネルヴァ書房、2003年）には、メタ認知とは metacognition
の訳で1970年代から心理学の世界で広まったと出ている（心理学からの論考は第
7章63節参照）。「自分の思考を対象化し、モニターして、調整を加えられるこ
と」と書かれている。「meta」は「〜を超越した」という意味の接頭辞である
ことを考えると、「客観視する認知（能力）」ととらえることもできる。

　数学を例にするとわかりやすいかもしれない。数学の二次関数と一次関数の
複合問題があったとする。A君はこの問題が完全に解けた、Bさんは途中まで
解けた、C君は最初から間違っていた、という場合を想定してみる。その時、こ
の問題が解けなかったC君が「どうやって解いたの？」とA君に聞いたら、A
君は自分が解答に至った過程をなぞりながら教えるに違いない。一方B君は途
中まで解けたのに、どうして正解に至らなかったのか、検証するであろう。そ
の時1人で原因を発見できることもあるし、友人や教師のアドバイスを得てわ

かるようにもなるであろう。C君はなぜ答えを出せなかったのか、A君に最初は頼りながら自分でその原因を考えるはずだ。その時、関数の概念を知らないから、計算力が足りないから、ねばり強くないから、といった様々な原因を検証することになる。しかしC君の場合は自力で検証するのは難しいのが一般的である。教師や友人や親などにヒントやアドバイスをもらって検証できるようになることが多い。これらはメタ認知教授法の1つと言ってよいかもしれない。

メタ認知を活用した授業は、協同学習や、双方向的な学びに有効であることがわかってきている。特に数学に関してはここ15年多くの研究が報告され、このメタ認知教授法を読解や科学的リテラシーにも活用しようという動きがある。これらのことがこの本には多数紹介されている。もちろん個人的な思い込みではなく、エビデンスに基づいた内容となっている。

この本を読んでいて一番印象的だったのは、これから文科省が学び方の中心にしようとしている、「アクティブ・ラーニング (A・L)」の具体的な教授法に利用できる内容だったことだ。数学というと尻込みしてしまう方もいるかもしれないが、高等数学を知らなくても、最後まで読める書き方をしている。

2020年以降、小学校でもプログラミング学習が行われることになる。SEを養成するためでなく、「論理的な思考」を体験したり身につけるのが目的だと言われている。この論理的な思考は、試行錯誤しながら自分の考えをたどり、目的に向かっていく思考法でもある。このとき人間は知らず識らず「メタ認知」を活用していることになる（数学で同様の学習が可能）。

全体で9章の構成になっていて、各章の最初の1ページが、簡潔なイントロダクション（紹介）となっている。途中重要な項目はゴシックにしてこれも簡潔にまとめてある。さらに最後には「結論」があり、その章の要旨を1ページほどでまとめている。約280ページのテキストだが、初心者でも最後まで読めるような工夫がしてあるのは助かる。特に第1章の前に5ページの「要旨」があるので大変便利である。忙しい方はこの要旨だけを読んでおき、時間がとれた時に第1章から第9章までを読む方法もある。また、重要なエビデンスは棒グラフなどで示してあるので、理解しやすくなっているのもありがたい。この本を読むと、学校だけでなく塾での授業を2020年からの教育改革に向けてどのようにしていけばよいかのヒントが、たくさん得られるに違いない。

A・Lを実践しようとしている人や問題解決能力を伸ばしたい人、さらにプ

ログラミングを取り入れて、論理的思考能力を養う方法を考えている人にとって必読の書と言えるだろう。このメタ認知を活用した数学の学びは、企業人になって仕事をするときにも役立つことは明らかだ。またこれから人生設計を立て直したいと思っている人や、自分の労働のスキルを上げたいと考えている人にも読んでほしい内容となっている。忙しい方は第9章を先に読む手もある。

44

経済協力開発機構（OECD）（編著）
『**若者のキャリア形成──スキルの獲得から就業力の向上、アントレプレナーシップの育成へ**』
（2017 明石書店、菅原良・福田哲哉・松下慶太監訳）

　ここで取り上げるのは成人教育、特に若者のキャリア教育に関する本である。PISA の影に隠れて目立たない国際成人力調査（PIAAC：ピアック）の成果を基にした報告書である。この報告書を読むと、なぜ PISA が2000年から実施されているのか、さらに日本の文部科学省がなぜ OECD の提言を教育改革の参考にしているのかがよくわかる。

　日本での今回の教育改革（2020年以降）は、日本経済の地盤沈下を意識していることは言うまでもない。かつては１人当たりの GDP（以前は GNP）は世界第２位の時もあったが、最近は20位以下となり、経済を活性化しなくてはならないという議論がさかんだ。

　国民１人当たりの GDP が下がるということは、労働生産性が低下しているという証左となる。多くの人々は労働生産性の低下は学校教育に原因があると考えるのではないか。教育費を投資と考えると、労働生産性が低下した時は大変投資効率が悪いことになる。教育投資効率の悪い最たる例は、中学受験をして難関大学に合格し、その後は目的もなく学生生活を過ごす大学生ではないだろうか。今でもレジャーランド化している大学があると聞く。費用対効果の減少をそのままにしておくわけにはいかない、そのように考える経済学者・教育関係者・政治家がいても不思議ではない。

　しかし投資効率の善し悪しは学校教育だけではなく、社会環境にも左右される、というエビデンス（証拠）は山ほどある。学力は、ブルデューが広めた文化資本と強い相関関係があることがわかってきている。学校の教育制度を「グローバル化した社会」に適応する改革をすれば、日本の大学や高校の教育力がすぐ向上すると信じ込もうとする人は、文化資本のことを軽く考える傾向がある。文化資本が豊かな階層の人々の「学びの動機付け（インセンティブ：

第５章　OECD の教育政策提言を知る　157

incentive)」が高いため、教育費の投資効率は良くなることを忘れてはならない。

　私は以前から「学力の低下」のかなりの部分は文化資本、すなわち地域の社会環境及び家庭環境にあると考えてきた。その中で教育に何ができるかが問われるのではないだろうか。学びの動機付けは、実は社会に出てからどのような仕事につくかという考えと強く結びついている。社会に関心が強く「世の中のしくみ」を知ろうとする中学生や高校生、及び大学生は目的を持ちやすくなり、学びの動機付けが高くなることは明白である。高校・大学で学んだことが企業社会で生かされる確率が高くなるので、世間で言う「ミスマッチ」は少なくなるに違いない。このミスマッチが多過ぎると、持続可能な社会は「イエローカード」を突き付けられたことになる。

　OECD が刊行するこの本の目的は、「学校から仕事への移行を容易にする」ことへの挑戦と言ってもよい。この報告書を読むと、教育と労働市場が全く別の世界として共存していては、社会全体の損失であることがよくわかる。若者が学校を卒業し社会に出て企業に入る時、様々な困難が待ちうけている。それらを除去するための社会システムを構築しなくてはならない。高校又は大学から企業への移行をスムーズにすることは、失業者を減らし、若者が学校で学んだスキルを活用できるチャンスが増える。もし足りないスキルがあれば学校と企業が提携して、又は企業だけで若者のスキルアップができる時間と場と生活費を与える。そうすることによって若者のスキルが向上すれば労働生産性は上がり、1 人当たりの GDP が上昇していくことは目に見えている。大学改革より先に実践しなくてはならないことが多々あることが明らかになってくる。

　技術革新（Innovation）を意識し、ICT の活用やプログラミング教育も大切だが、それ以上に「インセンティブ」が重要であることが、OECD のこの報告書を読むとよくわかる。卒業した若者のスキルや就業力をいかに高めるかが重要な課題であるが、これは今までの日本の教育で一番欠けていた部分である。日本の教育システムが一時期世界で注目されたことがあるのをみても、教育システム自体に瑕疵があるのではなく、「学びの動機付け」が弱いからだということが、この報告書を読むとよくわかる。

　なぜ弱いのか？それは今までの学校教育（塾での教育も含め）が社会の動きから隔離されたところで行われ、企業から一定の距離を持った教育が「是」とされたからだと推測できる。

1980年代までの高校は、企業とのつながりが強かったことは意外と知られていない。東京など多くの高校などでは高校卒で就職する人のために、企業に卒業生を紹介する制度が存在していることは前の章で述べた。何社かの企業からオファーがあれば、1人1社という原則で自校の生徒を紹介し、よほどのことがない限り破談にはならなかったと言われていた。それが1990年代になり多くの高校生が大学又は専門学校に進むようになると、高校と企業の関係は、進学校であるほど希薄になってしまった。企業を体験した高校教師は少ないので、教育と社会（企業など）の接点が失われてしまった可能性がある。このような経緯で子どもが世の中に関心を持つという機会が少なくなれば、学びの動機付けが弱くなるのは当然と言えよう。

　なおこの本の第4章、第5章にはNEET（ニート）に関した報告が多い。そこには若者のスキルを維持し向上させる具体的政策が述べられている。NEETを学校と企業のコラボで減じることによって、かなりのGDP向上が期待できることも、この報告書を読み感じた。

　OECD加盟国の中で、日本の女性の労働人口が少ないのが目立つ。他の成熟した国では女性が社会に出て働くのは当然と考えられているため、この報告書には女性を意識した文言が少ない。しかし若者のキャリア形成でGDPが向上することは確かなので、日本でもすべての女性が働きやすい法的な整備が求められるのではないだろうか（第7章66節参照）。

―――――――――――― 目　次 ――――――――――――

45

マリー・デュリュ＝ベラ
『フランスの学歴インフレと格差社会
—— 能力主義という幻想』

（2007 明石書店、林昌宏訳）

　学んだことの履歴が学歴だと定義すると、学歴が高い人はたくさん学んだということになる。学校教育の目的の１つは「学びへの関心を高める」ことであるから、高い学歴を多くの人が求めるのは普通は良いことになる。

　このように考えると、高学歴者が増えることは教育が社会とマッチングしてうまく機能している証拠ととらえられるが、最近そうとは限らないという思いをいだいていた。「高学歴ワーキングプアー」という言葉に象徴されるように、学歴と仕事のミスマッチが目立つようになってきた。しかも、「大学は居心地がよい場所・レジャーランドと同じ」と考え、社会に出て働くことを避けようとする若者もいる（実は50年前からそのような学生はいた）。「勉強することは社会に出て仕事をするよりも一段上のこと」と思い込んでいる親や子どもも多い。あまり目的意識がなく就職をしないで大学院に行く我が子を見て、誇らしげに思う親もいるであろう。教育を投資と考えたら、投資額が増えるにしたがって教育効果が同じ率で上がらないのは、塾などで子どもを教えている講師なら誰でも経験している。投資額がふえるにしたがって学歴の効用が逓減していくので、「限界効用逓減法則」は教育も例外ではなさそうである。

　子どもには学問をして、末は博士か大臣になってほしいと願っていた親は、明治以降かなりの数になるのではないだろうか。「学（まなぶ）」ことに価値を置くことは教育熱心な国民なら当然かもしれない。しかし、あまりにも熱心になると、労働という概念がすっぽり抜けてしまい、仕事をするための「学び」は邪道だと考える人も出てくる。子どもの名前に一時期「学・勉・博・修」の漢字がよく使われていた。しかし労働に関した「労・働・仕・事」といった漢字の名前はめったに見ないことからも明らかだ。

　教育費が増えても教育効果はさほど上がらないことは、20年程前の拙著

『塾——学校スリム化時代を前に』（岩波書店）で指摘したが、マリー・デュリュ＝ベラ氏の本はマクロ的な見地からの発見である。

　学校教育の発展が社会的流動性の上昇に結びつくのは、フランスでも中学までの教育が充実した時代であった。高学歴化が進んだ1990年代では、社会的流動性はほんの少し上昇しただけだと著者は主張する。日本も同じ様な経験をしているので、納得できる部分である。

　長く学校で学ぶのは無駄になると考えることも可能だという指摘もあった。学歴という資本はそのままにすると退化してしまうから、この資本をうまく活用する機会が仕事などで与えられることが必要であるというその指摘を、簡単に否定することはできないであろう。

　著者は「ある種の限界値を超えて教育を拡大させることを正当化することは困難である」との結論を出している。一般の教育の質を改善する努力はしなくてはならないが、学歴の膨張が若年層にもたらす影響について、教育関係者及び保護者は真剣に考えなくてはならないと主張している。

　学校が与える知識と仕事の際に要求される知識とは必ずしも一致せず、しかも子どもが生まれながらに背負った（出自、家庭環境など）社会的不平等を取り除くことが難しいから、新自由主義政策における能力主義は幻想であると述べている。実際、小・中・高生の子どもを40年近く教えてきた私としても、感覚的に同意できる部分である。しかし、学ぶことを通し学歴を拡大すると、教育のマクロ的な効果があることは否定できない。社会を統合するための一般市民の社会への関心の向上は、健全な市民社会を確立するために必要であるからだ。また学歴と労働スキルがある程度リンクし、それらのスキルを協力してつないだ組織は強固なものとなるから、安定した社会に向かっていく可能性がある。

　教育の期間を長くすること、すなわち学歴インフレという状況は必ずしも良くないことがわかる。学校教育（大学も含め）は、「職業界（企業）との接触が教育上有益である。これは彼ら（学生）にとって社会性を育成する機会であり、実際にこうした社会性は、かなりの独創性や勇気を与えると同時に、彼らを一人前に成長させる」と述べている。これは今、我が国が力を入れようとしているキャリア教育に共通するものがある。

　高校生はアルバイト禁止という学校がまだあると聞く。親もそのような校則に異を唱えることは少ないようだ。子どもは勉強するのが仕事だから、むしろ

大歓迎という場合もある。大学生はどうだろうかと見渡すと、やはりアルバイトはしてほしくないと思っている親や教育関係者はいそうだ。アルバイトは世の中のことを知るチャンスで、仕事につく準備になるのに、私などはもったいないと思ってしまう。「学生は勉強だけしていてほしい」と願っている親の声が聞こえてきそうだ。「仕事」よりも「勉強」に価値を置いている教育熱心な家庭はかなりあるのではないだろうか。現在の資本主義社会では、将来の職業を見つけるための「学び」であり「学歴獲得」である。このことを忘れてしまっている親子や教育関係者は今でもかなりいるのではないだろうか。このような発想からこの本を読むと考えさせられることが多いに違いない（第4章35節参照）。

「学びのための学びでなく、社会に仕えるための学び」が注目されている。教育システム・学び・学力・学歴といったことをまじめに考えるきっかけを与える内容が豊富で、教育関係者や保護者の方に一読していただきたい本である。

46

OECD（編著）

『OECD 幸福度白書 3 ——より良い暮らし 指標：生活向上と社会進歩の国際比較』

（2016 明石書店、西村美由起訳）

何のための教育なのか、何故学力が向上するとよいのか、高い学歴を手に入れる目的は何か、このような疑問を持ちながら子育てをしたり学校や塾で子どもを教えている方は多いのではないだろうか。

高校までの一定の教科を学ぶと、ジャーナリストの立花隆氏が重要視する「リベラル・アーツ（大学の一般教養科目）」の基礎を身につけることができるといわれている。市民社会を成立させるために社会に関心を持ち、どのような生き方をしていくかを考えるヒントを学ぶのが一般教養ではないだろうか。

ここでは教養を身につけるということは、高邁な趣味人になることを意味していない。自分たちで健全な市民社会をつくるための土台としての教養が、これからは重視されてくるに違いない。

また学力が向上して論理的思考能力が身につくと、労働力の価値を上げることにもなる。学力が向上し仕事のスキルがアップすれば、一定の賃金を得ることができ、衣食住にそれほど苦労しなくなる確率が高くなる。さらに高い学歴を得ると、安定した生活を送れるだけでなく、周りから一目置かれると錯覚する人も出てくる。

学力が向上すると、何かと便利なことや良いことがあるのではないかと、親も子も期待するのは当然かもしれない。そのため自発的か強制的かの違いはあるが、学校の勉強や塾の受験勉強に熱心になる人が多い。前者の動機付けは生涯学習につながるが、受験勉強のような後者の動機付けは知識は身につくが長続きしないことがあると言われている。知識を活用する場面が少ないからであろう。

特に生涯学習との関連が深い学びは、継続的に学力が向上していくと考えられている。この継続的な学びの源泉は「幸福」であると、最近私は強く思うよ

うになった。ここ10年「幸福」に関した本が、人文科学関係からだけでなく社会科学関係からも出版されることが多くなった。元来幸福は哲学者が得意とするテーマであった。OECDの教育政策はすべての人間の幸福を考えた内容と私には思える。幸福に関したOECDの最新の本を今回紹介したいと思う。

　OECDは幸福度白書を今まで2冊出していて、今回は3冊目となる。これ以外に『幸福の世界経済史』(2014年)、『主観的幸福を測る』(2015年)の2冊があり、OECDの幸福関連の本は計5冊にも及ぶ（いずれも明石書店刊2018年現在）。OECDは先進工業国の経済協力開発機構である。そこからの教育政策の提言は、人的資本（Human Capital）に関連したことが多くなることは第5章39節に詳しい。

　しかし近年は「何のための教育か」という、根本的な問題にも切り込んでいるように思える。特別な財産や遺産のない市民にとっては、幸福になるためには労働のスキルを磨き、賃金を得ることが重要であると考えられている。他人に頼らず自分で生活できることが、幸福の第一歩であるという考えだ。一定の衣食住が充たされていなければ幸福感が少なくなるのが一般的であろう。しかし、成熟した社会では所得や資産が多ければ幸福度が増していくとは、ほとんどの人は思わないのではないだろうか。

　特に生活に必要な消費財を多くの人が手にしていると、発展途上国の人々とはまた違った角度から幸福を考えると思われる。先日ブータンの人々の生活を多くの日本人が知るところとなり幸福がちょっとしたブームとなった。幸福に関して真剣に考えようとすると、「何を基準に幸福と感じるか」という難問に出会うに違いない。幸福度を調べようと思ったら、ある「尺度」がどうしても必要となる。

　刊行にあたってのところに、幸福に関する次の記述があった。

「家計の所得、資産、仕事、生活満足度などは、国民1人当たりのGDPが最上位の国々で高くなる傾向がある。しかしGDPが大きくとも、ワーク・ライフ・バランスや失業リスク、生活の安全、平均余命の短さなどの問題を抱えている国もある。本書によるきわめて興味深い発見のひとつは、国民1人当たりのGDPが同水準の国であっても、幸福成果は大きく異なることである。したがって、GDPだけにとらわれることなく、本書で取り上げた、人々の生活経験を形成する多くの因

子に目を向けることが大切である。」（傍点は小宮山）

OECD では幸福度を測定する枠組みを、次のように主に2つの分野を考えている。

1つは、物質的な生活条件である。それは所得（毎年の収入）と資産（土地・マンションなど）、仕事と報酬（賃金など）、住居の有無などである。もう1つは生活の質だ。健康状態、教育によって身につけた文化資本、社会との関連（つながり）、ボランティアを含めた市民参加、環境（主に自然）の質、生活の安全（安心して住める）、主観的幸福などである。これらはすべて SDGs の17の指標とかぶっていることに注視していただきたい。

人間の幸福度を客観的な資料にもとづいて測定するのは、困難な仕事であることは予想できるし、OECD の研究者もそれは自覚している。この困難な作業に挑戦していることがよくわかる資料集となっている。経済的繁栄だけが幸福をもたらすとは、多くの人々は思っていない。しかし衣食住が充たされない貧困状態では、苦しいことが多く幸福感など考える余裕もないことは事実である。また人権が確立していなければ幸福感は薄くなるであろう。今までは人間の幸福というテーマは、哲学者や思想家が考えるものだと思われていた。しかし、この報告書を見ると、観念的な幸福論だけでなく実態を重視した幸福論もこれからは重要なテーマであることがわかってくる。

40年近く毎年受験生を教えていたが、その時のエピソードを簡略に紹介したいと思う。X君とY君という受験生がいた。両人とも学校ではかなり学力が高い方である。A校、B校、C校という進学校があり、偏差値はA校は70でB校は67、C校は63であった。大学の進学率は当然A校が高く難関大学の合格者数も多い。B校はA校ほどではないが、C校に比べたら進学率は高く、国公立の合格者数も多い。X君はA校を第1志望でB校をスベリ止めにした。一方Y君はB校を第1志望でC校をスベリ止めにした。合否の結果は、X君とY君ともにB校に合格し、同じ高校に行くことになったのであるが、この時2人は対照的な状況になったのである。X君の親子のがっかりした様子とY君の親子の喜びの様子を今でもよく覚えている。X君は入学後も気持ちの整理が難しいようだった。同じ学校に合格しても人によっては幸福感がかなり違ってしまう、このような経験を何回かした記憶がある。B校で勉強を頑張れば、

2人とも希望の大学に行ける実力は、客観的に見て十分あったことは言うまでもない。

　教育や学力といった言葉に魅力を感じ、それらを利用して幸福を手に入れようとしている方は、この OECD の報告書をぜひ読んでいただきたいと思う。

第6章

日本の子どもの教育と学力について知る

Overview

　第1章でグローバル化した社会を知り、第2章で持続可能な社会を検討し、第3章で持続可能な社会をさぐるための基礎理論を学び、第4章では日本の社会の現状を概観し、第5章では2020年からの教育改革に多大な影響を与えたOECDの教育政策の提言を精査してきた。この第6章では日本の子どもの教育と現状を知るための本を10冊選んでみた。

　47節から49節は、教育の中で一般の人々が一番関心を持つと思われる、「学力」に関しての論考である。日本の子どもの現在の学力がここ65年でどのように変化してきたかがわかる。「学力とは何か」という定義も時代によって変化してくることがよくわかる論考もある。第5章40節の「キー・コンピテンシー」を思い出しながら読んでいただければと思う。

　50節と51節は、現在の子どもの学力格差の実態を調査し、公立の学校でその格差を解消できるのかどうかを検証している。52節では、アチーブメントテストなどで計測できる認知能力というより、非認知能力を中心とした新しい能力を考察している。第4章37節に出てきた「ハイパー・メリトクラシー」の社会で求められる能力のところを参考にしていただければと思う。53節ではことばをテーマにした、これからの教育と学力に関した論考である。どのような時代でもことば（読解力）と論理的思考能力（数学的リテラシー）は必要であることがわかる。持続可能な社会を目指すならなおさらではないだろうか。

　54節と55節は、心理学者と脳科学者の、子育てに関する論考である。学力は家庭と学校の影響を強く受けるが、特に家庭での親の接し方が重要となってくる。特に教育に強い関心がある方にとっては必読である。よかれと思って厳しく子どもに接すると、「脳が傷つく」ことがあるというエビデンスは衝撃である。「効果のある教育」を考える時にも役立つ内容となっている。56節は教育を受ける機会をテーマにした本である。家庭や学校や民間教育機関で、いくら懸命に努力したとしても、もし経済資本のことなどで進学の機会を奪われたら、これほどの社会的な損失はないだろう。現在大学の給付型の奨学金や大学無償化の動きがあるが、これらのことを詳しく調査した内容となっている。

47

山内乾史・原清治（編著）
『論集　日本の学力問題（上・下）』

（2010 日本図書センター）

　学校だけでなく民間教育業界でも、学力問題は常に関心が高いテーマの１つではないだろうか。最近では1999年から2005年ぐらいまでの間、学力問題の論争が続いた。しかし実は学力低下論争はその時が初めてではない。1950年代から1960年代にかけても、学力低下問題とからめて「学力とは何か」という論争があった。

　学力問題がくり返し注目されるのは、時代によって求められる学力（又は能力）が変化してきているからである。学力の内容は時代によって、それぞれの立場の人によって異なってくるのは当然かもしれない。2020年からの教育改革も、グローバル化した社会に対応できる学力や能力を身につけるための学び方（学習法）が中心となっている。経済発展による社会の変化によって、学力の定義も微妙に変わってきている。OECD の PISA、全国学力・学習状況調査のB問題（2018年度まで）、アクティブ・ラーニング、コンピテンシー（Competency）、メタ認知、プログラミングといった言葉や用語が、2000年以降学力論とともに広まってきた（第５章40節・41節参照）。

　『論集 日本の学力問題（上・下）』は、現在の学力論のことがよくわかる学力問題の総集編である。収められている主な論者を列挙すると次のようになる。

〈上巻〉学力論の変遷

　　国分一太郎／馬場四郎／広岡亮蔵／勝田守一／藤岡信勝／坂元忠芳／木下繁弥／
　　安彦忠彦／佐藤学／田中耕治／寺脇研／橋本健二／加藤幸次
〈下巻〉学力研究の最前線

　　近藤博之／溝上慎一／松下佳代／池田寛／苅谷剛彦／本田由紀／志水宏吉／岩川
　　直樹／耳塚寛明／藤原和博／斎藤貴男／内田樹／立花隆

初期（1950年代）の学力論は主に現場も含めた教育学者及び教育心理学者によるものであった。1947年にアメリカから直輸入された教育学者Ｊ・デューイが唱えた経験主義教育によって、子どもの学力が低下したという批判がわき起こった。これは、体験（経験）だけを重視した総合的な学習をすると、「よみ・書き・そろばん（計算）」がおろそかになり学力低下につながるという、2000年前後の学力低下論争と共通している部分がある。しかし、1950年頃の小・中学生の幼少期は第二次世界大戦の最中で、十分な教育を受けることができなかった。そのため経験主義教育だけで基礎的な学力が低下したとは言えない（非常にまれな戦争による教育の空白があったことを忘れてはならない）。

　1960年代に書かれた広岡亮蔵氏の学力・基礎学力論は、現在のOECDのPISAの教育提言や、文科省が広めようとしている「生きる力」に重なる部分がある論考である。また1970年代の藤岡信勝氏と坂元忠芳氏との学力論争は、現代の教育改革が目指す学力や能力を考える上で、とても参考になる。

　誤解を恐れずに単純化すると、藤岡氏は測定可能な能力を学力とみなし、坂元氏は従来の学校のテスト（テスト主義）で評価される能力だけでなく、意欲や関心などの「態度」も重要視することを主張していた。藤岡氏は認知能力のみ、坂元氏は非認知能力も含めると、とらえることもできる。1990年代に当時の文部省が「意欲・関心・態度」という学習観を打ち出したが、それより20年程前に、「知識」なのか「態度」なのかという論争があったことは、一部の教育関係者しか知らなかったのではないだろうか。もし知っていたら2000年から2005年にかけての学力低下論争はもう少し違った議論になったのではと強く思った。

　下巻は、1999年から2005年の学力問題に言及している論文が多数掲載されている。学力に関心のある教育関係者はこの中の論者の１冊は読んでいるのではないだろうか。読んでいなくても新聞やテレビや雑誌などで目にした著者が多いはずである。このようなまとまった論集を見ると、2000年前後からの学力低下論争に参加したのは、教育社会学と教育心理学を専攻した学者が多かったことが改めてよくわかる。

　これらのことを、はしがきのところで次のように述べている。

「学力論争のもっとも大きな軸の1つは、学力を計量可能なものに限定するのか、計量が困難なものにも拡大するのかということである。勝田＝広岡論争、坂元＝藤岡論争から近年のゆとり教育をめぐる議論に至るまで、この点が大きな軸の一つであり続けている。」

　これからのグローバル化した社会で求められる学力や能力は、純粋な教育論だけではなく、社会経済の影響を強く受けたものであることが、この上巻・下巻の論集に目を通すと理解できる。上・下の論文集なのでかなりの量の論文がある。これを全部読むのはしんどいが、事典のような本であると考え、必要な時に読むという活用法もある。教育関係者はぜひそなえておきたい参考文献であろう。

東京大学学校教育高度化センター（編）
『基礎学力を問う
──21世紀日本の教育への展望』
（2009 東京大学出版会）

　全国学力・学習状況調査が2007年から再開された理由の１つとして、1999年ごろから始まった学力低下論争を挙げることができるだろう。最初はサンプル調査という考えもあったが、現在（2019年）に至るまで12回実施して、ほとんどが全数調査となっている。

　この本は、「基礎学力」について論じた小論集となっている。文科省が考えている「学力」、OECD が考えている「能力（competence）」について、教育学、教育心理学、教育社会学を専攻する教育学者がそれぞれ論じている。

　「学力」という言葉を私たちは気軽に使うが、学力（achievement）と能力（competence）の違いは何か、学力とリテラシー（literacy）の相違は何かと問われたら、なかなか答えられない方も多いのではないだろうか。実はこの「学力」とは何かということを、少なくとも教育関係者及び保護者はしっかりとおさえておかなくてはならない。そこから学校で「どのような教育がなされるべきか」という回答が出てくるからである。

　この本では、３つの問いを立てて、７人の教育学者（2009年時、東京大学教育学研究科教授）が共同で執筆している。①学校が育てるべき教育の質への問い。②学力低下と学力における社会格差への対処。③現在の学校と教師が抱えている実践的な問い。これら３つの問いを、各分野の研究者がわかりやすく論じている。

　１章「学力問題の構図と基礎学力の概念」は、PISA 型学力にふれながら、学力低下と学力格差の問題を、政治・政策（ポリティクス）の面から考察している。２章「近代の学力像とその社会的基底」及び３章「グローバル化社会における学力観」では、国家及びグローバル化した社会に光を当てた学力論となっている。ポスト福祉国家の教育政策や国境を越えた「新しい学力」とは何かを

提言している。4章「学力調査と格差問題の時代変化」では、全国学力テストを、1960年代と比較しながらわかりやすく分析している。学力格差の内容が現在と50年前とではかなり違うことがよくわかる。5章では教師の労働実態について述べられており、現役の教師にとっては身近な問題で、考えさせられるであろう。6章は、認知心理学から、理想的な学習モデルが提言されている。この章は実際に授業を行うときに参考になると思われる。7章は、6章をふまえ学力形成の具体的な授業改革の提言を、今話題になっているPISA型読解力などを検証しながら行っている。

全章を読むと、今の教育の重要な課題や学力のことを真剣に考えてみようと思うに違いない。それと同時に、「なぜ学力観が変化してきたのか」「なぜ2020年から教育内容だけでなく学習方法も変えていこうとするのか」という疑問を解くヒントを得ることができる。時代によって「求められる学力」が変化していくのは当然であるが、今という現在を必死に生きている我々は、それに気がつくことがなかなかできない。「これが人間が求める本当の学力だ！」と自信をもって言える大人は少ないのではないだろうか。

現代が求めている「学力」がある程度わかってくると、そこから「学びの目的」も自ずと見えてくるはずである。現在（2019年）の教育界は、「学習方法の変革」や「学習内容の変革」に目を奪われがちであるが、常に「何のための学力向上か」を考えたいものである。学力に関してコンパクトにまとめてあり、教育関係の仕事をしている方にとっては、読んで損をしないテキストである。

―――――――――――――― 目　次 ――――――――――――――

49

志水宏吉
『全国学力テスト
──その功罪を問う』
(2009 岩波書店)

　毎年４月には全国学力テストが実施される。正確には「全国学力・学習状況調査」という。子どもの学力を正しく把握するためには継続して行うのがよいという意見と、もうそろそろやめてもいいのではないかという意見に分かれている。３回目あたりから、好意的な考えの報道が少なくなったように思える。見直すべきという人達は、すぐ中止という強硬派と、サンプル調査にして必ずしも経年調査でなくてもいいという柔軟派に分かれているようだ。少数派ながら今まで通り悉皆（全数）調査をしてほしいと考えている現場の管理職の方もいるようである。

　1999年に始まった学力低下論争は、正しいデータが無い（蓄積されていない）ところでの不毛の議論であった。そのようなことをくり返さないためにも、全国学力テストが必要であることは間違いないだろう。今回紹介する本の著者は教育社会学を専攻している研究者であるから、何らかの方法で全国学力テストは必要であるという立場であると思われる。

　これまでの全国学力テストでわかったことはかなり出てきた。どのような学習環境で学力が高いのか、どのような動機付けで学力は向上するのか、競争教育に熱心な親子が多い地域（東京・神奈川、大阪・兵庫など）の学力は高いのかそれとも低いのか、これらの真実がわかりつつあると言ってもよいだろう。さらに精査すると、志水宏吉氏が常々言っている「効果のある学校 (Effective School)」とはどのようなものなのかも判明するに違いない。

　しかし、現在のような実施方法では、いろいろなデメリットがあることは確かである。悉皆調査をすると、各都道府県、各市町村、各学校の間で無用な競争が生じることになるのは、進学塾を中心とした受験競争の世界を見れば明白である。実際、学力が低い地域とされてしまった大阪では、全国学力テストの

結果で教員の給与も決まるようなシステムを考えていると言われている（2019年11月現在）。この本を読むと全国学力テストによるデメリットとメリットがよくわかる。

　1959年の全国学力テストと現在の学力テストの結果を比較しているが、これだけでもこの本を読む価値は十分あるだろう（このような比較調査をした論考は他に見たことがない）。1960年代の学力調査の目的の1つに、地域間の学力格差を解消する、特に都市と農村の格差解消を挙げることができる。1959年調査の地域類別に見た平均点の表があった。国語・数学（中学）ともにトップは住宅地域で下位は漁業地域である。それぞれ14.6点、19.5点の差があった。2008年の調査では大都市とへき地の得点差は国語Aでほとんどなく、国語Bで2ポイント、数学Aで約4ポイント、数学Bで3ポイントであった。2007年以降の調査では、かつて学力が低い県と言われていた秋田や青森が常に上位を占めていることが判明した。現在の地域による差はほとんど消滅したというエビデンスとなる。このことは1970年代から現代までの教育政策が、大きな方向性は間違っていなかったという、間接的な証拠（エビデンス）でもある。ちなみに富山県だけは1960年代と現在ともに、常に上位に位置している。

　また、テストの点数で競わせる教育が学力向上にあまり寄与せず、社会的な混乱を引き起こすことを、サッチャー時代のイギリスの教育改革を例に明らかにしていた。

　全国学力テストを、子どもの学力を向上させるために活用しなくてはならない。その際、子どもや親をも含めた競争教育の道具とするのではなく、全国の子どもの学力の実態を把握し、学習する環境を調べ、学力を向上させる教育システムを構築する資料として使うことを目的としたい。全国学力テストの功罪をわかりやすくまとめてあるこの本は、子どもの学力向上を真剣に願っている教育関係者の必読書と言えるだろう。

――――――――――――――――――――――　目　次　――――――――――――――――――――――

50

志水宏吉・伊佐夏実・知念渉・芝野淳一
『調査報告「学力格差」の実態』

（2014 岩波書店）

　第6章では、日本の子どもの学力の現状がわかる本を取り上げているが、50節は、教育熱心な教育関係者や保護者が気になる「学力格差」の実態を調査した内容となっている。

　最近教育界では「学力」とは何かということが、教育学、教育心理学、教育社会学などの分野で話題になる。能力（コンピテンシー）という言葉も耳にするようになったことは第5章40節で詳しく示したが、問題解決能力という用語は、OECDのPISAが知られるようになってから、一気に広まった。

　『調査報告「学力格差」の実態』は、教育社会学者のグループの共同著作なので、「学力」の定義に関しては、それほど突っ込んだ内容にはなっていない。2007年から始まった全国学力・学習状況調査（以下、全国学力調査）でいえば知識を中心としたA問題、知識を活用するPISA型のB問題に分けて調査している。なじみやすい分類なので一般的には読みやすいブックレットとなっている。

　この本の特色は、1989年から2013年の間に同じ地区（小・中学校）で、経年調査を3回行っていることである。1999年に学力低下論争が活発に行われていたが、それはほとんどが教育関係者（大学も含め）の体験に基づくものであったため、議論が拡散してしまったきらいがある。「学力が低下した」という統計的な全国規模の証拠（エビデンス）なしでの論争であったともいえる。しかしこの不毛に見える論争がきっかけで2007年から全国学力・学習状況調査が形を変えて復活したため、日本の子どもの学力の実態が判明したという利点は忘れてはならないだろう。

　学力低下論争の最中の2002年に第2回目の調査が行われ、大阪の一部の地域のデータだが、学力格差の実態や、どのような学力の分布なのかが明らかと

なった。この調査はサンプル数は少ないが、塾に通っているかどうかも調べているので、どのような環境のもとで学力が向上するのかを、ある程度推測できる。全国学力調査が始まったのは2007年（43年ぶり）であるから、大変貴重な資料となっている。1989年から13年経過して、どのように学力が変化していったかがわかるものだったので、当時は教育関係者に注目された。第3回目の調査が2013年に実施され、今回は全国学力調査にならって、A問題とB問題があった。対象学年は3回とも、小5と中2で、教科は算数（数学）と国語となっている。

　この本は学力格差の実態を示すことが目的ではない。その格差の原因を調べ、格差をなくすためにはどうしたらよいかを探るのが最大の目的である。当然子どもには、学習への取り組み方や自尊感情の質問がある。それだけでなく家庭の教育環境も詳しく調査をしている。

　子どもの学力形成には、文化資本（育ちの環境など）、経済資本（親の所得など）、社会関係資本（人的交流・人脈など）の3つの資本が影響していることがわかっている。そのため、それらの資本に関する調査も家庭の協力を得て行っている。なぜここまで踏み込んだことをしているのかと言えば、それは「効果のある教育・授業とは何か」という問いが常にあるからだ。「学力とは何か」という問題はとりあえずペンディングにしておき、子どもが自信を持って受けることができる授業を模索している。このような観点からこのブックレットを読むと、公教育関係者や民間教育関係者に、さらに保護者にも役立つに違いない。2020年から大学も、能動的学習（アクティブ・ラーニング）を意識した授業形態に変化していこうとしている。中学や高校や大学に入学する時の入試問題は、改革を先取りした内容になるだろう。受験学力も含めて、どのような授業で効率よく「ほんとうの学力」を身につけることができるかを、多くの教育関係者は考えなくてはならない時代になってきたと思われる。このブックレットを読むと、これからの授業や子育てのヒントを得るに違いない。

51

志水宏吉
『公立学校の底力』

（2008 筑摩書房）

　2000年前後に学力低下論争が話題になると、公立学校への批判が強まった。公立を避けるための私立中学の選択、公立小学校の地域限定の選択制の導入などは、公立学校への不信感及び公立学校批判の表れと言えよう。

　しかし、公教育がしっかりしていないと、学力格差が広がりそれにリンクして社会における様々な格差が拡大していくので、大変不安定な社会になってしまう。そうならないためにも、公立学校の教育力（底力）を高めなくてはならない。安心できる社会は、たとえ GDP がそれほど高くなくても、幸福感が強まることがわかってきた（第5章46節参照）。格差が拡大し過ぎる社会は富裕層も貧困層もストレスをためてしまう可能性が高くなることも考えられる（アメリカ合衆国の大都市では、だいぶ前から富裕層と貧困層で住み分けていると言われている）。

　志水宏吉氏は、公立学校の地位を高めるために、学校現場に直接入り、熱心に調査している研究者（教育社会学）である。効果のある学校（Effective School）にするにはどうしたらよいかを、今まで調査した学校をもとに体系化している。その途上で書かれているのが本書である。

　第1章から第12章には、調査した12校が紹介されている。小学校が4校、中学校が6校、高校が2校で、すべて公立学校である。そして最後の終章で、「力のある学校」はどのようにつくられていくかをわかりやすく述べている。

　公立学校は「何でも屋」で、多面的な総合力が求められていると著者は言う。「力のある学校」の8つの要素を次のように抽出している。

　①気持ちのそろった教職員集団
　②戦略的で柔軟な学校運営
　③豊かなつながりを生み出す生徒指導

④すべての子どもの学びを支える学習指導

⑤ともに育つ地域・校種間連携

⑥双方向的な家庭とのかかわり

⑦安心して学べる学校環境

⑧前向きで活動的な学校文化

　これら８つのパーツを活用し、子どもの目線の教育を実践し、学力を向上させるだけでなく、生きていく上での知恵を与えることによって、「効果のある学校」にしていこうとしている。

　基礎学力の徹底と同時に、社会の中で協力して生きていくことの大切さを、教師と生徒（児童）が一体となって学んでいくという、一種の「学びの共同体」を目指していると言ってもよいかもしれない。意思統一のとれた教職員集団、それを引っぱっていく強力なリーダー、学び合い育ち合う同僚性がある学校は学力が高いことを、実証的なデータを示して論じているから説得力がある。

　学校の職員室が、ここで言う同僚性がある場合は、子どもの学力向上だけでなく、学校全体に活力が出てくることが予想できる。しかし職員室は閉ざされた空間であることも事実であるから、ヒエラルキーが発生し「教師間のいじめ」が発生する可能性があることを忘れてはならないだろう（2019年10月、神戸市の公立小学校で教師間のいじめという、不幸な事件が起きてしまった）。

　強力なリーダーがいる企業の職場では協働で意思統一された行動をとるのは当然である。もしこれらが実行されない企業集団であったとしたら、衰退か消滅のどちらかであろう。「ほうれんそう」の徹底により意思統一をはかり、強力なリーダー（部長・役員など）のもとに、社員という集団がまとまって活動しながら、大きな組織の企業は発展してきた。このようなことを考えると、子どもの学力を向上させるエネルギーは、学校・家庭・地域社会（民間教育機関含む）の連携によって生じてくるのがわかる。子どもを育てるための大人のネットワークは、強力な社会関係資本に成長していくのではないだろうか。

　この本に紹介されている学校では、習熟度別クラス編制をしているところが多い。「平等教育」にこだわっている方は違和感を持つかもしれないが、学力と公立学校のことを真剣に考えている内容となっている。保護者を含めた多くの教育関係者に読んでいただきたい啓蒙書である。

カバーの袖の部分の文言を参考までに紹介しておく。

「公立学校をめぐる世間の見方は依然厳しく、また政治経済両面からの影響においても逆風のなかにある。けれども、全国を見渡せばそのイメージを覆す学校が存在するのもまた事実。」

「公立学校も捨てたもんじゃない！」といった事例が12校掲載されている。1960年代の教育問題の１つに、都市部と農村部の学力格差があったが、2007年の全国学力・学習状況調査ではほぼ解消したという事実（エビデンス）は、日本の公立学校は「柔でない！」という証しと言えるであろう。

52

松下佳代（編著）

『〈新しい能力〉は教育を変えるか
──学力・リテラシー・コンピテンシー』

（2010 ミネルヴァ書房）

　教育関係者はだれもが「学力」という言葉を、肯定的にしろ否定的にしろ気にするものである。1999年から始まった学力低下論争が過熱したことを見ても明らかであろう。OECD の PISA や全国学力・学習状況調査（以下全国学力調査）の順位がマスコミ・政治家だけでなく一般の人の関心を引くようになった。ところが、「学力」とは何かといった議論は、2000年前後はあまり活発に行われなかった。むしろ1960年代の時の方が活発であったことは47節で述べた。

　しかし OECD の PISA の内容が明らかになり、多くの教育関係者から注目されるようになると、「学力の内容（中身）」を吟味することが大切であるという認識に、教育界は変わってきたといえよう。「学力」と呼ばれるものはいろいろあると、何となく気付いていた方々もいる。岸本裕史氏（百マス計算の発案者）が『見える学力、見えない学力』（大月文庫）で学力を二層構造でとらえようとしたのは20年以上前のことである。

　OECD の PISA の問題に触発されて、「学力」とは何か、グローバル化した社会で求められる「学力」とは何かを、多くの日本の教育関係者は改めて気付いたのではないだろうか。

　「学力」という言葉を、私も含めて教育関係者は自明のこととし、気軽に使っていたのではないだろうか。しかし、学力や学歴は高いのに社会に出てから伸び悩んだり、キャリアアップとは違った転職を次々とする高学歴者の存在が1980年代頃から目立ってきた。このことから、どうも従来の学校で身につける「学力」と、社会に出て役立つ「学力」とは違うのではないかと多くの人が考えるようになった。そこに最初に気付いたのは教育学者ではなく企業の経営者ではないかと勝手に想像していたが、OECD の1990年代からの教育政策の提言に目を通すと、あながち私1人の思い込みではなさそうである。

1990年代から教科横断的な総合的な学習が提唱されたのは、社会に出てから役立つ「学力」のことを考えていたからである。「知識基盤社会」や「生涯学習社会」という概念が入ってきて、知識を活用できる能力が求められる時代になってきたことを認識する人が多くなった。これらの生涯学習に関したことはOECDサイドからの発信と考えてよいだろう（第5章の38節から46節を参照）。

　「学力」は英語に訳しにくい言葉として有名である。和英辞典では「scholarship」が最初に出てくるが、それを英和辞典で調べても「学力」とは出てこない。学問、学識という訳語になっている。「学力」を国語辞典で調べると「身についた学習結果」（『新明解国語辞典』）と出ている。

　学力が高いというイメージの言葉を調べると、「知能指数（IQ）が高い、頭が良い、高い学歴、大企業へ就職できる、社会的な成功」となるのではなかろうか。従来の「学力」が高い人が必ずしも社会や会社で成功しないという事例やデータを多くの教育社会学者などは持っている。このような証拠（エビデンス）から、学校のアチーブメントテスト（達成・到達度テスト）で判定する「学力」以外の能力があるのではないかと考える人が出てきても不思議ではない（今までの学力論は47節を参照）。

　OECDは1990年代から積極的に、グローバル化した社会で役に立つ「学力」とは何かを調べ、各国に研究成果を提供している。リテラシー、コンピテンシー（能力）、という用語を使っているが、知識基盤社会や生涯学習社会で通用する「能力」を考えていることは明らかである。この本を読むと、グローバル化した社会では古い「学力」という概念が通用しないことがよくわかるに違いない。

　新しい能力概念は3～5程度のカテゴリーにまとめられ、その内容はおおよそ以下のものであると述べられている。

・基本的な認知能力（読み書き計算、基本的な知識・スキルなど）

・高次の認知能力（問題解決、創造性、意思決定、学習の仕方の学習など）

・対人関係能力（コミュニケーション、チームワーク、リーダーシップなど）

・人格特性・態度（自尊心、責任感、忍耐力など）

　これらの＜新しい能力＞概念に共通する特徴は、①認知的な能力から人格深部にまでおよぶ人間の全体的な能力を含んでいること、②そうした能力を教育目標

や評価対象として位置づけていることにある。

　これからの時代に求められる「新しい能力」とは何かがよくわかる内容となっている。学力、リテラシー、コンピテンシー、キー・コンピテンシーの違いをうまくまとめている。大学での教員養成のテキストを意識した論文集になっているが、読みやすい文章となっているので、保護者の方にもお勧めである。9年程前に刊行された本だが、これから広まっていくと思われる、アクティブ・ラーニング（A・L）や問題解決能力などのことを知るためにも役立つ内容が多い。入学試験だけでなく新しい時代に生きていくための能力のことがよくわかってくるのではないだろうか。

53

秋田喜代美・石井順治（編著）
『ことばの教育と学力』

（2005 明石書店）

　経済協力開発機構（OECD）の15歳児を対象にした学習到達度調査（PISA）によると、2000年から2003年の間にかけて、日本の子どもの読解力リテラシーが低下したことが判明し、ことばの教育と学力が注目されていた（個人的には世間が騒ぐほど低下したとは思えないが）。

　コミュニケーション能力が話題になっているが、ことばの学びと学力に関したこの本は、これからの国語教育を考えさせる内容となっている。実践的な例が8割、わかりやすい理論が2割といった構成になっていて、教師及び保護者向けの読みやすい教育書である。

　第1章は「教室のことばを見つめる」、第2章は「子どものことばを支える」、第3章は「ことばの学びと学力」というタイトルになっている。第1章と第2章は、学校の教室内での実践の記録が中心となっていて、第3章はまとめを兼ねた理論編となっている。

　「(物語の) 読み手である子どもが登場人物や作品に深く向き合えば向き合うほど、自分という存在をかけて読むことになり、作品をとおして自己との出会いが生まれるのである」ということが書かれている。本を読むことによって自分を発見することができるのは大人も同じであり、なるほどと思った。

　反復ドリルによる基礎学力養成も大切だが、基礎教養を身につけることはもっと重要であることがよくわかる。物語から得られる力には、①物語を読み解く力、②物語に参加する力、③物語を創造する力の3つがあるという。この力をつけるには、受け身的ではなく、読み手が積極的にその本に関わることが大切であることは言うまでもない。

　子ども参加型の読書は、教師の子どもへの関わり方を工夫しなくてはならない。それは教師が子どもに知識を伝達するための「話す」ことだけに偏っては

いけない。逆に子どものことばに耳を傾けて、考えや思いを受けとめるようにすると、子どもは積極的に本の世界へと入っていく。インプットだけでなくアウトプットの双方向性のことばの教育が、これからはさらに重要視されるであろう。子どもの話を聴くことのできる教師の教室では、学び合うことのできる子どもが育つと、石井順治氏は実践的経験から主張する。

　第3章で庄司康生氏は「学ぶ過程は、対話によることばと自己自身の変容の過程である」と言う。子ども同士で、そして子どもと教師の間で、互いに聴き合うこと、違いをていねいに聴き合うことが、ことばの学びの基礎となるのは明白である。これは大人になって社会に出てから仕事をする時にも当てはまることだ。職場でいい仕事をしようと思ったら、社会に出て上手に他の人と共同生活をしようと思ったら、ここに書かれている「ことばの学びと学力」が大変役に立つはずである。「ことばの力」は「生きる力」と言ってもよいだろう。

　最後の章で秋田喜代美氏は「ことばの教育は市民が自らのことばと声を確かに培っていくために、他者との関係へと己をつねに開き公共のものとしていくことが重要なのである」と述べられているが、このことは、ことばの教育とは単に子どもだけのものではなく、大人も含めたものであることを示唆している。ことばの教育は生涯学習に結びつくことを、この本を読んで改めて考えさせられた。

　2003年のPISAの読解力の順位が低下したことに対し、文科省、教育学者、全国の学校から、ことばに関わる訓練が必要だという声が上がった。読書活動が効果がある、いや作文指導を強化するほうがよい、といった様々な議論が沸き起こった。これに対し編著者の秋田喜代美氏は次のように言う。

　「人は、ことばによって自己の存在を見つめ、複雑で多様な世界と出会い、他者とのつながりを築いている。つまり、ことばを学ぶということは、人としてどう生きるかということそのものではないだろうか。」

　私はこの著作を読み、P・ブルデューの文化資本と社会関係資本を思い出した。近年の研究では文化資本と社会関係資本は学力形成にかなりの影響を与えていることがわかってきている（P・ブルデューの考えに関しては第5章を参照）。人間関係を築いて得たものは、「ことば」のおかげであることは言うまでもない

だろう。「ことば」によって自己の存在を見つめつつ、様々な文化や人々と交流することは「多文化主義」にもつながっていく。持続可能な社会を築いていくキーワードは「ことば」であることを、我々は再認識したい。

　2020年から、学校ではアクティブ・ラーニング（A・L）という学習法が取り入れられることになった。子どもと子ども、子どもと大人がそれぞれ能動的に授業に参加し、お互いにルールを守り自分の考えを相手に伝える授業で、双方向性の授業の１つである。この時A・Lを成功させるキーワードは「ことばの力」であることは言うまでもない。A・Lがなぜ有効な授業になるのかが、この本を読み通した後に、明らかになってくるであろう。

　2020年以降の高校の国語教科書が変わると言われている。現代文が「論理国語」と「文学国語」に再編されることが話題になっている。PISAの影響で前者の比重が重くなり後者は軽くなるのではと懸念されている。しかし論理的思考の論説文と豊かな感性や情緒を育てる小説とは、世間が思うほど差はない。小説は必ず、ある時代のある国のある地域の社会的背景において成り立っている。その背景を知るには、論理的思考が必要な時がある。論理的思考を取り入れた文学の授業は十分考えられるはずだ。

目　次

54

柏木惠子
『子どもが育つ条件
──家族心理学から考える』
(2008 岩波書店)

東日本大震災をきっかけに、「連帯」「助け合い」「他者への思いやり」「お互い様」といった、かつて農村共同体の中でよく使われた言葉が、再び蘇ってきた。教育の世界では「引きこもり」や「不登校」や「いじめ」といった問題が今でも話題になる。最近は、子どもや20代、30代の若者の、「社会との接点」の薄さが目立ってきていると常々私は思っていた。そのような時に、「『育て』の技術より『育ち』の力」という本の帯が目に入ってきた。

小学生から大学生までの「社会に出る前の時期」の青少年の行動が何かと話題となる。彼らの「学ぶ意欲の低下」「他者への働きかけの少なさ」「他国に比べ自己肯定感の突出した弱さ」といった現象をよく目にするのは私だけではないだろう（OECDのPISAなどの調査では、学力だけでなく、このようなことに関する様々な質問をしている）。

発達心理学の専門家である著者は「人間は性によらず血縁の有無によらず、小さく弱いものを慈しみ守り育てる心とスキルをもちうるのです。これは、他者の心を理解し、他者を援助しようとする心が進化した人間ならではのことです」と主張する。「子どもを育てる」「教育する」ことに関与する大人は、この基本的なことは常に頭のどこかに入れておきたい。このような発想をもとに「家族」という切り口から、現代の子育てや教育問題を論じ、第5章「子どもも育つ、親も育つ」で積極的な提言をしている。私はこのフレーズの中の親だけでなく、周りにいる大人（教師や地域の人々）も含めたいと思う。

家族とは何か、そして親が子どもを育てることの大変さを、拙著では心理学だけでなく社会学からもアプローチしている（第4章28節・29節参照）。社会が変われば当然家族形態も変化していくことは、何となく理解していたつもりであるが、フランスの社会学者ジャック・ドンズローの「家族に社会は介入す

る」という言葉は、ズシリと胸にひびいた。これを受けて柏木氏は「社会の制度、考え方、モノなどは家族に否応なく入り込み、様々な影響を与え、家族のかたちや機能に変化を促さずにはおきません」と述べている。この「社会」は、その時代のその地域の「社会文化」と考えることもできると思う。

私は、時代が現代に近づくにつれて、ドラスチックな「介入」になってきていると理解した。室町時代や江戸時代から現代の家族という形態があったと思われるが、その時代の流れ（科学技術の進歩や経済の発展など）は大変ゆっくりとしていた。明治以降の産業革命で少し流れは速くなったが、高度経済成長期の1960年以降は急速な変化となった。インターネットとICT機器の発達が、21世紀になると更なる勢いで家族に介入していく。社会の「介入」はここ50年でさらに速くなり、家族形態を「力づくで」変えようとしているように見える。介入の速さが2乗に比例しているがごとくである（第4章の27節と28節参照）。

家族が変化していくなかでの子育ては、家族だけでなく周りのより多くの大人が参加することが望ましく、父親も家事・育児に参加する大切さが、この本を読むとよくわかる。子どもを育てることは自分（親）も育つ、という新しい視点は現場を40年近く見てきた私としてもその通りだと思った。「良い教師は教えながら自分も育つ」とよく言われるが、同じことなのだろう。人間は一方向的なお説教のような発信（教育・子育て等）だけでは、自分（お説教をする人）は育たないことに等しいのではとあらためて思った。子育てに熱心過ぎると、時として子どもをネガティブな発想に導くことがある。このことは次の55節と併せて読むとよくわかると思われる。

55

友田明美
『子どもの脳を傷つける親たち』

（2017 NHK 出版）

　教育関係の仕事をしていると、学習意欲や非行や引きこもりの問題などを避けて通ることはできない。学校や塾やクラブなどの居場所が、子どもにとって居心地がよいか悪いかで、学力や立居振舞が左右されることを、経験した方も多いと思われる。厳しく叱って学習意欲が持続して学力が向上した子どもを見た方は、ほとんどいないのではないだろうか。いつも厳しくしないと自分から学ぼうとしないので、さらに強く言う、ということの繰り返しだ。怒ってしまった後の何とも嫌な気分を覚えている教師も多いに違いない。厳しく言われた子どもはもっとストレスを受け、自発的に学び続けることは「しない」、と確信するのに私はかなりの時間がかかった。

　今でもスポーツの世界では、ほめるよりも精神的・肉体的体罰を含めた厳しく叱る指導をしているところが多いと聞く。2018年5月に話題になった日大アメフトの問題で、そのことが露呈した。一般的に日本の親や教師は、子どもや他の人をほめるのが苦手である。厳しく叱って「しつけ」をしようとする、外発的動機付け中心に強制的に「勉強」をさせようとする、それが当然のように考えている人が、今でも教育関係者にいる。

　一昔前、ある作家の書いた子育て本をきっかけに、「スパルタ教育」という言葉が広まった。子どもが「わがまま」を言うのはしつけが甘いからだ、子どもには厳しく接しよう、そうすれば心身ともに丈夫な人間に育つ。そしてハチマキをしめて気合を入れれば学力も向上する、と信じ込まされた受験熱心な親も増えた。他人と競争させて強いプレッシャーをかけて勉強させる親、「なぜお母さんの言うことが聞けないの。ほんとにダメな子ね」といった言葉の暴力で子どもに檄を飛ばすことも必要だ、そう考えている親もいる。それを応援する教育関係者もいる。そのような方法で進学校に合格する子どももいるからである。

このような考えの子育てや受験教育はとてもリスクが高いことが、この論考を読むとよくわかる。単なる個人的及び人道的な見地から、不適切な養育や教育を論じているのではない。脳の研究に長年取り組んできた大学病院の小児・精神科医が、科学的見地（しっかりとしたエビデンスで）から子どもの脳を解明している。言葉や物理的な暴力やネグレクトは子どもの意欲を減退させ、身体の成長を阻害し、様々な社会問題を引き起こすことが、統計的な調査でわかってきた。一方では、厳しくしかり子どもの人格を否定するよりも、親も含めた子どもを温かい目でケアをして、ほめることを中心にした子育てや教育が実践され、効果が出ている学校があるということもわかってきた。夜中まで子どもを残し、竹刀を持ってプレッシャーをかけ過ぎる教育では、子どもの学びは続かないことを、多くの真面目な塾関係者はすでに知っていたと言ってもよいだろう。

　しかし、なぜ厳しく叱るよりもほめることの方が教育効果が高いのか、そのメカニズムはまだ解明されてこなかったというのが実情である。この本では「不適切な養育」のことをマルトリートメント（maltreatment）という言葉で表現している。mal は接頭語で「不十分な、不良の、否定的な」という意味を持つ。マルトリートメントとは「不十分な取り扱い」ということになり、「虐待」という訳をあてている辞書もある。

　マルトリートメントの研究は、アメリカで1980年代から盛んになったと言われている。具体的には身体及び言葉の暴力、ネグレクト、両親間の暴力・暴言などである。この本が衝撃的だったのは、マルトリートメントが、子どもの脳を傷つけることがわかったことである。fMRIで脳を詳しく見ることができるようになり、不適切な養育（環境も含め）により、子どもの脳が変化していることが脳の画像ではっきりとわかるようになった。

　脳が傷ついたということは、人間の他の臓器のように治療しなくてはならない。マルトリートメントによって、学習意欲の低下や非行やうつなどの病気を引き起こすことが明らかとなっている。子どもの脳を傷つけないようにし、健全なこころの発達に不可欠であるのは「愛着形成」が重要であると、著者は主張する。脳は20代後半から衰え始め元に戻すことができないと思っている人も多い。しかし一度傷ついた脳は、回復させることも可能であることが書いてあり、ほっとする。親だけでなく、学力のことで子どもと接することが多い教育関係者必読の書と言ってよいだろう。

56

小林雅之

『進学格差
—— 深刻化する教育費負担』

(2008 筑摩書房)

　アメリカのサブプライム問題に端を発した世界的な同時不況で、これからの日本の社会に対して不安を感じる人々が増えたに違いない。2007年から始まった不況は、金融危機から製造業の不振にまで一気に進み、基幹産業の１つである自動車メーカーが軒並み減産に追い込まれた。2003年に１兆円を超える黒字を出したトヨタ自動車は、一時的だが2009年には赤字に転落した。

　多くの企業はリストラを積極的に進め、派遣社員や契約社員やパートから解雇し始めた。各企業の売り上げの減少や労働者のリストラが近年にない速さで進んでいる。一部の経済学者は、1930年以来の100年に一度の危機だと言っていた。この頃から大企業を中心に正規社員の採用を抑え、非正規社員をふやすようになり、現在 (2019年) に至っている。

　このような不透明な時代は、さらに高い学歴のことを気にする親子が増えるに違いない。早々に会社を退職せざるを得ない労働者は、様々な技術や資格を持たなくてはと思うことが多いであろう。今のところ大企業のホワイトカラーよりも、ブルーカラーのリストラが先行していると言われている。高等教育を受けて大企業の管理職についている労働者はまだあまり解雇の対象とはなっていない。正社員・幹部社員及び役員は賃金や賞与のカットでとどまっているケースが多い。しかし AI の発達で、今の職業のかなりが消えていくと言われている。大手の銀行はすでに正社員のリストラを始めている。

　不況になるとまっ先に高等教育を受けていない労働者が生活困窮者となる確率が高くなることを、リーマンショック時の経済危機で改めて多くの国民は知ったと思われる。2020年の教育改革のことを考えて、早くから子どもに勉強させて、大企業に就職しやすいと思われる大学に入れようとする親がふえても不思議ではない。このような格差が発生する要因の１つとして学歴格差があ

ることは、教育社会学の研究でわかっている。高等教育を受けた労働者の生涯賃金が、そうでない者より高いことが明らかとなっている。この高等教育を受ける機会は国民全員が平等でなくてはならない。そのために各国では高等教育も含め、教育に公的資金を注いでいる。

　小林雅之氏は、高等教育機会の費用（教育費）の差が、個人の進路選択に大きな影響を与えることを問題視している。日本の場合、教育費は家計が負担する割合が多い。一方多くのヨーロッパ諸国は、教育は社会全体で支えるという考えのため、教育費は税金でまかなうのが主流となっている。根本に、福祉国家的教育観が存在すると言っている。なおアメリカ合衆国の高等教育費は無償ではないが、返却しなくてよい給付型の奨学金制度が充実していた。しかし現在は給付型が減少していると言われている。

　教育費の公的負担から私的負担への流れが世界各地で起きている。これは高等教育の大衆化と公財政の逼迫で、税金で高等教育を支えることが困難になったからである。

　経済が停滞している時は、経済的機会の平等のために教育機会の均等が一層求められる。その時、「（日本の親は）子どもの教育費をどこまで負担できるか。…所得格差が拡大すればさらにこの問題は深刻になるおそれがあり、政策的対応が必要となろう」と小林氏は警告している。

　2019年の春の中学入試は活況だった。教育に投資する家庭が、将来に対して不安を持ったことが要因の1つと言われている。このような時こそ、格差を小さくするための税を含めた何らかの政策が、切に望まれる。

第7章

教育で持続可能な社会に

　結論にふさわしいと思われる本を 10 冊選んでみた。はたして教育で持続可能な社会にすることができるのか、今教育がなぜ重要なのかが確認できる章にするように心掛けた。

　57 節は持続可能性の教育の具体的な提案（学習方法の紹介など）となっている。58 節と 59 節は、教育社会学からのアプローチである。日本の政治家や経済人の思い付きの教育論ではない。エビデンスをもとにした教育政策の大切さがわかるのではないだろうか。エビデンスなしの政策が間違った方向になったら、持続可能な社会は不可能になってしまう。60 節は、エビデンスにもとづいての、今の教育改革に対する批判的検討である。現在進行中の教育政策で、持続可能な社会が構築されるのかどうかを議論するための土台となる内容である。

　61 節と 62 節と 63 節は、主に学校で持続可能な社会のための授業をするときに役立つであろう。教育関係者はこの 3 冊の本を読むことによって、2020 年以降の授業の実践方法を発見することが可能となるのではないだろうか。マスコミ関係者や保護者の方が読むと、未来の教育の内容が漠然だが見えてくると思われる。特にディープ・アクティブラーニングとメタ認知は、経済を発展させ、議会制民主主義を維持し、学びの楽しさを知るためのキーワードとなってくるに違いない。3 冊とも主に教育心理学を専攻している研究者が書いている。

　64 節と 65 節は家族や地域社会という視点から社会を結びなおし、連携することによって社会全体を活性化することの大切さがわかってくる。持続可能な社会のことを考えたら、コミュニティの問題は外せない。

　66 節は、混沌とした EU 諸国の中で優等生と思われていた福祉国家オランダの 70 年の栄光と苦悩が、大変わかりやすく紹介されている。この本を最後に取り上げたのは、日本が 20 年後に同じような状況に遭遇する可能性が高いからである。この著作には持続可能な社会という用語は出ていない。しかし、成熟した社会が必ず出会い解決しなければならない問題が明らかとなる内容である。オランダの光と影の中には、持続可能な社会にするためのヒントがたくさん埋め込まれていると、私は確信している。

57

佐藤学・木曽功・多田孝志・諏訪哲郎（編著）

『持続可能性の教育
——新たなビジョンへ』

(2015 教育出版)

　現在の小・中・高生が使う教科書には、「持続可能な社会」という言葉が、社会科・理科・国語などの教科に出てくる。これは「Sustainable Society」の日本語訳で、環境と経済（産業）と人口の問題などを意識していることはプロローグで述べた。教育界だけでなく、政治や経済界の人々にも関心がある用語で、生涯学習やグローバル化した社会という用語と一緒によく使われるようになってきた。

　しかし、この著作のタイトルである「持続可能性の教育」という言葉は、この本を手に取るまで私は知らなかった。1992年のリオデジャネイロの国連環境開発会議を起点とすると書かれていた。持続可能な発展のための教育（ESD）が必要であると考える識者が集まって書いている。ESD は Education for Sustainable Development の頭文字をとった略称である。

　2011年3月11日の東日本大震災を体験した時、これからの教育は「持続可能な社会」が主なテーマの1つであることを実感した覚えがある。すでに社会科や理科の教科書にはこの用語は出ていたが、それまでは環境問題、人口問題、食料・資源の問題に関連することと、ばく然と思っていた。約50年前のローマクラブの報告書『成長の限界』(1972年) の延長のような感じでいた。3.11以降の社会状況変化を見て、「持続可能な社会」は教育の世界では重要度が高いテーマであると考えていた時に、この本と出会った。

　学びの共同体の研究者、元ユネスコの全権大使、国際理解教育が専門の研究者、環境教育が専門の研究者の共著である。第1章で佐藤学氏は、「今なぜ持続可能性の教育なのか」について詳しく論じている。持続可能な社会を熟考したのは、3.11が契機であると述べていたのが印象的である。私はここ4、5年活用型学力やアクティブ・ラーニングに関した著作を出しているが、常に

「生涯学習」と「持続可能な社会」を念頭に置き書いてきた。今回紹介の本を読み終え、同じ考えの教育関係者が多くいることを知り、心強く思った１人である。

持続可能性の教育について、その意義を次のように述べている。

「持続可能性の教育は、持続可能性を根本原理とする世界観の教育であり、生命、自然、経済、社会、政治、文化、教育の持続可能性を実現する個々の内容の教育であり、持続可能性を実現する生き方と倫理の教育であり、持続可能な社会を実現する行動の教育である。」

ESD は、日本政府が世界に率先して活動してきたという経緯が、第１章に詳しく述べられている。1997年の地球温暖化防止京都会議では「京都議定書」を提案して採択された。そこには、原子力発電をいっそう推進し、途上国に売り込む意図があったことを忘れてはならないと、佐藤学氏は指摘している。

2011年以前の小・中学校の社会科や理科の教科書は、環境問題と持続可能な社会とエネルギー源としての原子力発電（原発）を三点セットで取り扱っていることが多かった。ところが2012年以降の教科書は、「持続可能な社会」と原発は切り離されているか、目立たないようになってきた。

地球温暖化を主とした環境問題の比重が高くなってきている。この著作で主張している「地球生命系、地球社会の持続可能性を実現することを使命とする」という教育内容に教科書も近づきつつある。ESD の活動や、3.11以降の教育のあり方を考える人々にとっては、大変有益な内容となっている。

第２章は持続可能な発展のための教育（ESD）の世界的潮流を紹介している。OECD の教育提言と全く同じではないが、方向性は同じであると私には思えた。第３章は、持続可能性の教育、その学習方法の基本原理と題して、ESD の学習方法の可能性に言及している。第４章は、「持続可能性の教育」の学習法という題目になっている。ここでは、具体的な ESD の授業展開について述べている。OECD の一連の報告書（PISA も含め）と、考え方が近い内容であった。第５章は５人の小・中・高の教育実践事例であり、アクティブ・ラーニングを考えている教育関係者にも役立つ内容となっている。「持続可能な社会」を望む市民が増えていかなければ「持続不可能な社会」になる確率は大変高く

なることが予想される。このようなテーマに関心を持つには、義務教育の段階からの ESD が重要であることが、改めてわかる本と言ってもよいだろう。

目　次

第 1 章　持続可能性の教育の意義と展望

第 2 章　持続可能な発展のための教育（ESD）の世界的潮流

第 3 章　持続可能性の教育，その学習法の基本原理

第 4 章　「持続可能性の教育」の学習方法

第 5 章　教育実践例をみる

58

広田照幸・伊藤茂樹

『教育問題はなぜまちがって語られるのか？
—— 「わかったつもり」からの脱却』

(2010 日本図書センター)

　教育問題に興味を示し積極的に発言する人の数は、一般の社会的な問題よりもずば抜けて多いのではないだろうか。40年近く教育関係の仕事をしているが、ほとんどの人が教育は「こうあるべき」と考えているようにみえる。経済や法律や医療や環境等の社会的な問題が、ある一定の知識と経験がないとなかなか語ることはできないのとは、かなり違う。

　教育問題を語る人が多い理由を私なりに三つ程考えてみた。ほとんどの人が自分自身が何らかの「教育」を、学校や家庭や地域社会で受けている。次にかなりの人が子育ての経験をしているが、子育ても広い意味では教育のカテゴリーに入る。そして多くの人が「教育」が大切だと思い、「教育」で自分自身も含め人間が変わると思っている人が多いというのが、私の三つの理由である。自分の身近かな体験から、何となく教育の大切さを肌で感じていると言ってもよいだろう。

　多くの人が教育を語ると様々なマイナス要因も出てくる。資料などの根拠がないところで心情的に教育問題を語るため、間違った言説が流行る恐れがある。青少年の犯罪が起きると学校や家庭の教育のことがよく指摘される。学級崩壊や学校でのいじめや教師の不祥事があると、学校を飛ばしていきなり教育委員会にクレームを持っていく。さらに上の行政機関から、文部科学省の官僚への批判に進む。最終的には「今の教育制度を変えなくては」といった、ほとんど検証なしの感情論になることが多々あるのが教育の世界である。

　世の中が不況になったり行きづまると教育問題に目を向け、いわれのない「学校バッシング」に発展していくことになりかねない。教育政策が「振り子が右と左に極端に振れる」といわれるのは、教育問題にはここに示した特殊性があるからのような気がしてならなかった。

このようなことを長年思っていたところに、この本に出会ったが、共感することが多々あった。自分の育った、または教えた経験のみで教育問題を語るのは、大変危険なことであることがよくわかる。心情やイデオロギー中心になると、現実と遊離してしまう教育理念をもってしまい、教育政策が失敗する可能性が高くなるであろう。「教育問題とは、単なる個々人が個別に経験している問題ではなく（心性的な個人だけの問題ではない…小宮山）社会の多くの人に関わる問題、あるいは社会が取り組んでいくべき問題（社会問題の一つと考えるべき…小宮山）、という位置づけを与えられた問題」という言葉から、この本の基本的なスタンスは伝わってくる。

学校に対する親のクレームが以前より増えたと言われている。その時クレーマーが増えてくる要因を、学校・保護者・地域社会の人々皆で考えるという組織があると、教育問題が間違って語られることは少なくなるのではないだろうか。

--- **目　次** ---

59

日本教育社会学会（編）

稲垣恭子・内田良（責任編集）

『変容する社会と教育のゆくえ』

（2018 岩波書店）

　ある時代までは「教育」は人を育てるという、特別で神聖な学問であると思われていたのではないだろうか。社会や経済とは独立した、子どもの発達のことを考えた理想の空間が教育の世界だったのかもしれない。公教育は国家のためでも企業のためでもない、自立して自分を律することができる人間に育てるのが目標だ、と考えていた教師もいたと思われる。純粋な子どもを育てる教育が行われる学校は、一般の人々が意識したかどうかは別に、世の中から独立した空間となっていった。そのように思われていた、一時代前までの学校の教師の権威が高かったことは明らかである。

　しかし日本は1950年代後半から1970年代前半にかけて、一気に大衆消費社会に突入し、欧米に比べてかなりの短い期間で経済的には成熟した社会になった。この本のタイトルに出ているまさに「変容する社会」になったのであった。当然今までのように、世の中から切り離した独立した空間といった状況で教育を実践することは、1970年代以降は難しくなってきたことに、多くの教育関係者は気がついてきたのであった。

　「こうあるべきだ」という教育の理想を求めることは大切であるが、現場を40年近く学校の裏から見てくると、「今何が問題になっているかその実態を解明」することも重要な気がしてならない。個人の体験や感想だけでなく、客観的なデータ（エビデンス）をもとにして検証しながら、主に教育社会学者によって、1980年代以降直面する様々な教育問題がある程度解明されていった。学歴社会論、いじめや不登校といった学校問題、学力論、能力論、教育格差論・進学格差等々である。

　経験を主とした主観的な考えをすべて否定するのではなく、教育を客観的なデータをもとにして論じることによって、教育は社会科学の１つになると、

常々思っていた。子どもは純真でけがれのないといった大人の主観的な勝手な思い込みが先行すると、社会の流れや動きから乖離してしまうことがよくある。むしろ現実の社会や経済の動きから遊離していた空間が学校と言ってもよいかもしれない。一昔前は義務教育の「小中学校」で、企業社会で働くことの意義を教えることは稀なことであった。働くことの大切さを学校で教えなくても、1960年代までは社会に出て働くことは当然であった。そうしないと生活できなかった市民が多かったからだと思われる。働くことが貧困からの脱却の手段であった階層の人々の割合が多かった時代とも言える。

しかし1970年代以降、大衆消費社会になると、「なぜ働くのか」ということが公教育の重要なテーマの1つとなった。1970年代に教壇に立っていた教師のほとんどが、貧しい時代を知っていた。少し周りを見れば大変な生活をしている人を見ていたはずだ。社会状況を適確にとらえるためには、教育者は常に社会の動きや経済の変化に敏感でなくてはならない。実際、ゆたかな社会になって「働いてゆたかになるために勉強しよう！」と言っても耳を傾けない生徒の方が多い。このようなことを教育関係者だけでなく、一般の人にも伝えたのが教育社会学者の実証的な研究報告であると私は考えている。

前置きが長くなったが、日本教育社会学会創設70年記念の書下ろし論集である。シリーズ名が「教育社会学のフロンティア」となっているので、研究者向けの難解な論文集と思われる方もいるかもしれない。しかし、教育社会学の最前線を知ってもらおうという共通認識のもとに、15人の執筆者が初心者にもわかりやすいように書いている。しかも教育社会学のテキストを初めて手にとる人向けの「ブックガイド」が各章についている。また飽きがこないように工夫された編集となっているから読みやすい。よく見ると学術書にもかかわらず、5行から10行で1段落となっている。初めて出会う論考で1段落が長いと、読むのにエネルギーがいる。人間の心理をうまくとらえた編集だと思った。各章のタイトルだけを次に書き並べておく。もし興味のあるテーマがあったら、ぜひ手に取ってほしい。こんな学術書のような啓蒙書があるという発見に、おどろく方もいるのではないだろうか。

教育関係者に役立つエビデンスがかなりある。気になるその一例を次に示しておく。

「学校外教育に注目すると、多くの先行研究で明らかになっているように、教育投資や学校外教育費の階層差は、明確に存在している。さらに塾の利用法についても、階級による利用の仕方にも表れてくる。筆者ら（片岡栄美氏）の調査では、学校外教育を利用している家庭の母親に、学習塾や予備校へ行く主な理由について択一式で尋ねたところ補習型を選んだ比率は、労働者階級で34.9%と多く、上層ホワイト層では12.2%であった。また『進学校を受験するため』の進学希望型利用者は、労働者階級で9.3%、上層ホワイト層では36.7%であった。」

-- 目　次 --

60

藤田英典

『安倍「教育改革」はなぜ問題か』

（2014 岩波書店）

　2006年の教育基本法の改正が行われた頃から、安倍政権の教育政策に懸念を抱く教育学者や現場の教育関係者が増えてきた。最近は、新自由主義的及び成果主義的政策が、政治主導で行われている。公教育に市場原理をさらに導入しようという動きがある。1955年に経済学者M・フリードマンが提唱した「公教育のバウチャー制」を熱心に広めようとする、民間教育関係者もいる。公設民営学校もよく話題に上がるようにもなった。2007年から始まった全国学力・学習状況調査を利用し、公教育の教師のモチベーションを高めようとする自治体も現れた。

　公教育のバウチャー制は、65年程経た現在でも、M・フリードマンの御膝下のアメリカでさえ、ほとんど普及していない。せいぜい全体の数パーセントである。公教育のバウチャー制を取り入れても長続きはせず、弊害の報告も目にする。日本の教育学者や教育心理学者や教育社会学者は、公教育のバウチャー制に反対か消極的姿勢を示す人が多い。公教育に市場原理を導入して成功したという事例は、ほとんどないといってよいだろう。

　民間教育の側からは、公教育は硬直しているように見えるかもしれない。確かにそのような面はあると思う。公教育を活性化するために、情報公開は行うべきだと従来から主張してきた（拙著『塾──学校スリム化時代を前に』岩波書店、2000年）。公教育も、きめ細かいサービスをする民間教育を参考にすることは、効果のある授業に結びつくことが多いだろう。市場原理の中でビジネスをしている民間教育は、公教育へのよい刺激を与える役割をしていると考えることもできる。

　しかし、もし多くの民間教育関係者が声高に「公教育に市場原理を」と言い始めたとしたら、公教育の存在意義がゆらぐことになってしまう。現在の政権

の教育改革は、市場原理に期待をかけすぎる傾向が見えてきた。多くの教育研究者及び現場の関係者は「公教育の市場原理導入」に反対の立場を表明してきている。しかし市場原理導入の教育は60年近くたってもあまり成功していないことが実証されてもいることを忘れてはならない。

　本来教育は、自由主義経済と、国民より国家を優先する国家主義やそれに近い「郷土愛」を大切にする民族主義とはなじまないことは明白である。安倍政権はこの2つの矛盾した政策を同時進行させようとする危惧があると思っていた。今回紹介する『安倍「教育改革」はなぜ問題か』という本は、今までの教育の流れや教育改革について、実にていねいに時系列で解説している。

　一般向けの教育関係書は、個人の思い入れが強過ぎ、一般論とするにはエビデンス（証拠、根拠）があまりにも貧弱なものが多い。そのため結論が子どものため、親のため、社会のために悪影響を与えてしまうものもある。

　多くがきちんとしたデータや事実に基づいて論じられているため、大変説得力がある内容となっている。著者は教育社会学と教育学に造詣が深い方である。そのため日本だけでなく海外にも人脈があるので、グローバルなレベルでのエビデンスが集まってくる立場の研究者である。多くのデータをもとに、現在の教育改革に強い懸念を持ち警鐘を鳴らしている。公教育に市場原理をと思っている方は、多くの研究者がなぜ反対をするのかが、この本を読むとよくわかるのではないだろうか。教育は経済とは違い、完全なる市場競争が適さないことは、歴史が証明している。市場原理の経済政策に行き詰まり、その打開策として「教育改革」を持ち出しているのが現在の政権の教育政策のような気がしてならない。また過度な競争は市民社会を分断するため、国家の力で絆を強めようとするが、その方策の1つが教育と考えることができる。道徳の教科化に「郷土を、国を愛する」といったつかみどころのない抽象的な内容が組み込まれるのは、そのためではないかと思ってしまう。

学校教育と学習の心理学
心理学入門コース 3

秋田喜代美
坂本篤史

岩波書店

61

秋田喜代美・坂本篤史
『学校教育と学習の心理学』

（2015 岩波書店）

　『学校教育と学習の心理学』は、タイトルに見られるように、学校関係者向けに書かれている。帯には「好奇心や意欲を育む〈学び〉とは・新しい心理学テキスト・授業や教育場面の豊富な例を示して学習心理学を解説。教職課程や学校現場のなかで初めて学ぶ人に好適の入門書」とある。

　学校ではどのような授業が行われているのかを知ると、保護者もこれからの教育の流れがよくわかってくる。心理学入門コースの1冊で、学校関係者だけでなく民間教育関係者にもぜひ読んでいただきたい内容となっている。

　ここ20年で学習の心理学は急速に発達してきた。現在の心理学は教育学や脳科学や社会学との連携が強まってきている。早い時期から統計学を活用した研究も行われており、現在はICT関係の情報科学との関連も深まってきている。当然教育心理学の学び方や内容も変化してきている。

　「学力」や「能力」に関心を示す教育関係者や親が多くなってきた。効率のよい学習法はあるのか、従来の学力だけでなくグローバル化した社会に対応できる能力を育てることは可能なのか、といった課題は多い。効果のある学習法はだれもが気になるが、この本を読むと、子どものためになる「学習」とは何かということがわかってくるに違いない。最近話題になっている学習理論も、わかりやすく説明している。学習への意欲や動機づけ、談話を通した学習、知識の獲得と活用の学習も取り上げている。学び合いの授業や、仲間との協働学習にも言及している。塾業界では個別指導や、点数を競わせ座る席まで決まっている進学塾がもてはやされているが、個別だけ及び競争だけという学習法は様々な問題点をかかえていることがわかる。

　具体的な学習方略や学習習慣の形成を、教師の立場から述べている章もある。独立した学びよりも、「学び合うコミュニティの形成」が重要であることを、

確かな証拠（エビデンス）によって論じているので、説得力がある。民間教育では、教育心理学とは離れたところでの学習論になりがちである。確かな根拠をもとにした、独自の学習論を考え出すヒントになるものがあるかもしれない。

　タイトルの「学校」を民間教育に置き換えると「民間教育と学習の心理学」となるのを見ても、直接子どもを教える人には役に立つ内容が多い。学校の教師には当たり前の学習心理学の学習法を塾の研修会などに活用することも考えたらどうであろうか。

　OECD の PISA などの最新の情報もあるので、学力問題や学習論に関心を持つ人にとっては、興味をそそる論文が多い。これらをヒントにこれから求められる「学力」や「能力」とは何か、ということを保護者の方が知ると、2020年からの教育改革を心配することはなくなるであろう。教育関係者や保護者は、教育の「理論武装」をすることも大切な時代になってくるのではないだろうか（第 5 章40節・41節、第 6 章52節・53節参照）。

──────────────　目　次　──────────────

62

松下佳代・京都大学高等教育研究開発推進センター（編著）

『ディープ・アクティブラーニング
──大学授業を深化させるために』

（2015 勁草書房）

　大きな書店の教育書コーナーに行くと、アクティブ・ラーニング（A・L）に関する本が目立ってきた。ここ３年の間に教育関係者向けのものが多数刊行されている。この本はA・Lの頭に「ディープ」がついたタイトルである。

　なぜ教育の世界にカタカナ語があふれているのか、いぶかっている方も多いと思われる。しかしあえて、このディープ・アクティブラーニングを取り上げたのは、A・Lを早い時期から紹介してきた研究者のテキストだからである。そのためかどうかはわからないが、3000円（税抜）もするテキストが、2015年１月に発売されてからわずか半年で５刷にまでなっている。現在のところA・Lのテキストでは一番読まれているのではないだろうか。どうしてディープ・アクティブラーニングというカタカナ語でなく、「深い能動的な学習」といった日本語に翻訳しないのか、と個人的には思っているが、ここではディープ・アクティブラーニングという用語を使うことにする。

　現在話題になっている教育方法や学習法が、主にアメリカから伝わってきたことがよくわかる。この本に出てくる学習法に関する用語を抜き出して書き並べると次のようになる。①アクティブラーニング、②グループワーク、③ディスカッション、④プレゼンテーション、⑤ディベート、⑥ PBL（Problem-Based Learning）、⑦反転授業（flipped classroom）、⑧協働学習、⑨協同学習、⑩ピア・インストラクション（Peer・Instruction〈peer: 仲間〉）、⑪ロール・プレイ、⑫問題解決型学習、⑬課題探求型学習、⑭体験学習、⑮ LTD（Learning through Discussion）、⑯コンセプトマップ、⑰プロジェクト型学習、⑱リーダーシップ教育、⑲サイレント・クラス、⑳ディープ・アクティブラーニング

　これら20の項目のうち、かなりの用語が文科省関係からも発信されている。現在の学習法の多くが外国から、特にアメリカから伝えられたものであること

がよくわかる。今の文科省はOECDの教育研究革新センターの影響を強く受けている。国立教育政策研究所がOECDの教育政策の提言を日本に積極的に紹介しているので、当然かもしれない。しかし、もう少しカタカナ語を減らせないかと思うのは、私だけではないだろう。

　本題に入ろう。A・Lはここ一年で一気に学校及び塾の業界にも広まってきたようだ。文科省が提示している定義はあるが、この本を読むと、その内容がよりよくわかる。A・Lの理論を知りたい方には、今のところこの本が一番「深い（ディープ）」内容になっていると思われる。

　本書は2部構成となっていて、第Ⅰ部はディープ・アクティブラーニングの理論編、第Ⅱ部は様々なフィールドでの実践編となっている。第Ⅰ部では学校や塾の授業でも活用できそうな学習方法論もあった。もともとA・Lはアメリカの大学の授業で1990年代に広まったと言われている。A・Lの定義や具体的な内容が序章で詳しく紹介されている。

　序章で松下佳代氏はアクティブラーニングの特徴を次のように紹介している（小宮山が少し言葉を変えている）。

「アクティブラーニングを『学生にある物事を行わせ、行っている物事について考えさせること』と定義する。一般的特徴を箇条書きにすると5点にまとめられる。
（a）学生は、授業を聴く以上の関わりをしていること
（b）情報の伝達より学生のスキルの育成に重きが置かれていること
（c）学生は高次の思考（分析、総合、評価）に関わっていること
（d）学生は活動（例：読む、議論する、書く）に関与していること
（e）学生が自分自身の態度や価値観を探究することに重きが置かれていること
（ボンウェルとアイソンの著作より）」

このあと、ディープ・アクティブラーニングについて次のように述べている。

「ディープ・アクティブラーニングとは、外的活動における能動性だけでなく内的活動における能動性も重視した学習である。『ディープ』という言葉を冠することには、〈外的活動における能動性〉を重視するあまり、〈内的活動における能動性〉がなおざりになりがちなアクティブラーニング型授業に対する批判がこめられている。」

さらにディープ（深い）Ａ・Ｌとは何かということが各章で明らかになってくる。また第Ⅱ部では、物理学（大学）、哲学（大学）、教員養成、歯学といった分野での実践の紹介となっている。読み方を工夫すると、高校・中学、さらに小学校にも活用できる場面もあった。特に第９章の「新しいリーダーシップ教育とディープ・アクティブラーニング」は、教育現場に立つ人に役立つものがたくさん盛られていた。経営組織論として読むこともできる内容であった。大学のテキストとして書かれているせいか、初心者にも読みやすい工夫がしてある本である。

63

三宮真智子（編著）
『メタ認知
──学習力を支える高次認知機能』
(2008 北大路書房)

　第5章の43節でメタ認知の本を取り上げたが、そこでは数学の学力に関しての論考が中心であった。OECD教育研究革新センターの編著なので、PISAの数学的リテラシーとの関連が密な内容であった。ロジカルな手法で問題解決能力を高めるという、プログラミングとも関連していた。OECDの教育政策の延長線上で、経済社会との関わりを重視していた内容が43節の本だった。

　今回取り上げたのは、教育心理学を専攻している研究者の共著である。メタ認知を心理学の視点から、本格的に論じているテキストとなっている。

　メタ認知の概念が心理学のテキストに現われたのは1970年代といわれている。英語では「metacognition」と表す。cognitionは認知、認識、知覚と訳されている。さらに知識という意味も含まれている。英語の「meta」は「…を超越した、一段階上の…」といった意の語を作る接頭語である。自分自身の認知プロセスについての気づきや認知的行為を意識的にコントロールする技術のことを、メタ認知と言っている。知認を一段階上から俯瞰（ふかん）している構図ととらえることもできる。

　この本の第1章ではメタ認知のことを、次のようにわかりやすく解説している。

　「『メタ認知』とは、一言で言えば認知についての認知を意味する語である。私たちの日常生活をふり返ってみると、自分の考えの矛盾に気づいたり、課題の特性を把握したうえで解決方略を選択するなど、通常の認知よりも高次の、メタ認知とよぶことがふさわしい活動を行っていることに気づく。…私たちは認知についての知識ももちあわせており、必要に応じて活用している。たとえば…『難しい話を相手に理解させたいときには、具体例を示すとわかりやすくなる』…といったことは、少なからぬ人々が経験から学ぶことである。メタ認知という用語が用

いられる以前から、注意深い人々は自らの経験に対する省察により、人間の認知に関する事実を知っていた（哲学者など）。」

　OECD の教育政策が注目され、再びメタ認知が脚光を浴びるようになったが、実はビジネスの世界ではけっこう前からポピュラーだった。仕事を何回か失敗した時、「メタ認知が働いてないね」といった使われかたをしていたようだ。プロジェクトがうまく機能しない時も、「メタ認知を働かせて検証しよう」という言い方になる。どうも、メタ認知≒反省・省察（せいさつ）・検証、といった意味で使われていたと考えられる。失敗したら、「なぜ失敗したのか」を検証しないと、再び同じ失敗を繰り返すことを、我々は経験してきている。失敗を繰り返す同僚を見てひそかに「メタ認知が足りないようだ」と思っている人もいるかもしれない（最近、政治家の失言が続く。しかも同じ人が違う場面だが、同様に他の人を傷つける失言をくり返すことが多い）。

　この本は主に教育心理学者の共著であるから、当然学習に関した項目が多い。学習、知識、学習方略、学習の動機付けといったことと、メタ認知の関係をわかりやすく論じている。さらに文章の理解（国語）、問題解決（数学）、科学的思考（理科）、といった具体的な教科の内容をテーマにして、メタ認知を論じている。ここの部分は PISA の読解力、数学的リテラシー、科学的リテラシーに対応しているように、私には思えた。

　メタ認知という用語が「ひとり歩き」しはじめているように思える今日このごろである。メタ認知に関して、教育心理学者が集まって書いた力作を読むことによって、これからの持続可能な社会のことを考える上で、重要な概念であることがあらためてわかってくる。多くの市民が集まり、「メタ認知」を活用し、協力しながらコミュニティを構築していくことにより、住みよい地域社会に、さらに幸せなグローバルな社会にしていくことが可能になるに違いない。この本は理論よりも具体的な事例を豊富に取り入れ、理解を助ける図や表が多いので、大学のテキストだが、一般の方でも読みやすく仕上がっている。

--- 目　次 ---

64

本田由紀

『社会を結びなおす
──教育・仕事・家族の連携へ』
（2014 岩波書店）

　学歴社会、階層（階級）、学力、不平等、といった社会現象や社会問題を、社会学はよく取り上げてきた。教育が中心の教育社会学も同様であるが、1980年代から多くの教育社会学の研究者が論文を発表し、1990年代から一般向けの啓蒙書が多数出版されるようになった。単行本だけでなく、より多くの人が目にする新書という姿で書店に並んでいる時代になった。話題になった新書だけを書き並べると次のようになる。

　『人間形成の日米比較』（恒吉僚子、1992年）、『大衆教育社会のゆくえ』（苅谷剛彦、1995年）、『教育改革』（藤田英典、1997年）、『子どもの社会力』（門脇厚司、1999年）、『教養主義の没落』（竹内洋、2003年）、『学力を育てる』（志水宏吉、2005年）、『大学の教育力』（金子元久、2007年）、『進学格差』（小林雅之、2008年）、『教育の職業的意義』（本田由紀、2009年）、『教育格差』（松岡亮二、2019年）など。

　一般の社会学者の本を加えると、格差や貧困など教育に関する新書はかなりの数になる。

　従来の教育学の著作は、思想としての教育論か、現場の教育実践の報告・伝達が主であったと思われる。しかし社会学及び経済学から教育を語る時は、エビデンス（根拠・資料）をもとにしていることが多い。統計的手法で資料を分析し、一定の傾向を発見し、説得力ある教育論や社会論を展開していく。しかし、資料の集め方や分析のしかたによっては、異なる見解となることもある。

　連帯感が希薄になった社会を、「結びなおす」という主旨で、教育社会学専攻の研究者が書いた本である。キーワードの１つが「仕事」である。教育と労働の関係は以前から語られていたが、ほとんどが否定的なものであった。「大企業に奉仕するために教育があるのではない」といった論調が、教育界では主流であった。そのような風潮のなかで、教育の職業的意義を積極的に論じてい

るのが本田由紀氏である。

　社会に関心を持たない人が多くなり、選挙の投票率が低くなってきたことが話題になって久しい。受験教育には熱心だが、企業社会の出来事に興味を持てない親や教師も多い。当然子どもも、「何のために勉強しているのか」がわからない。そのため当面の目標が「希望校に合格して、高い学歴を得る」ことになりがちである。学校側でも、教育で職業や仕事を取り扱うことには、長い間ためらいがあった。

　このような社会状況の中、世の中の動きやしくみを知ることを避ける若者（学力が高い低いは関係なく）が多くなり、「学びからの逃走（佐藤学）」といった様々な社会問題が発生してきている。社会が分断されて、日本のよき家族制度（たいがいは思い込みに過ぎないが）が崩壊し、人々の連帯感が薄くなったことを嘆く政治家も多い（アメリカのトランプ現象もその一つと見られる）。このような社会状況の中、絆という言葉を使い社会の行き詰まりを打開しようと試みている著作である。「社会を結びなおす」という表題を見る通り、著者は社会が行き詰って、破綻しかけていると認識していることは確かであろう。

　人間が生活していく基盤は、現代社会では主に仕事場（私企業や公共企業など）と家族と地域社会である。その三者の連帯感が喪失しつつある社会を、結びなおさなくてはならないと考えるのは当然と思われる。その結ぶ役割を教育に期待し、新しい社会モデルを提言している。章立ては次のようになっている。

第1章　戦後日本の二つの転機
第2章　戦後日本型循環モデルとは何か
第3章　なぜ戦後日本型循環モデルが成立したのか
〔コラム〕社会学を学ぶ人のために〜学説史的な位置づけ〜
第4章　新たな社会モデルへ

　テーマは重いがブックレットなので、読みやすい内容となっている。接続可能な社会及び未来の社会を考えている教育関係者必読の書である（第4章37節もあわせて読むと、著者の考えがよくわかる）。アメリカの大統領選挙の結果が、なぜトランプ大統領なのか、気になる方はなおさらである。

65

柴田彩千子
『地域の教育力を育てる──子どもとおとなが学びあう生涯学習社会に向けて』
（2014 学文社）

1980年代頃から、地域又は地域社会の教育力のことが話題に上がるようになった。校内暴力、落ちこぼれ、不登校、いじめ、ひきこもり、といった負の教育問題が目立ってきた時期である。このような現象は一般的には学校に原因があるという「学校病理説」が主流となる。しかし実際は学校に原因があるというよりも、社会全体に問題があるという「社会病理説」と思われる現象が多い。このことは大分前から社会学者や教育社会学者から指摘されている（60節の藤田英典氏など）。この本では、地域社会の教育力の1つとしてスポーツクラブなどの習い事や学習塾も取り上げている。

以前から子どもを育てるのは、学校と家庭と地域の場があると言われてきている。子どもが育つ大切な三つの居場所である、という共通認識が教育関係者にある。産業が発達して大衆消費社会になり、さらに成熟した社会に日本はなりつつある。そういう社会で教育の様々な負の問題が発生したことを忘れてはならない。この三つの居場所の教育力は低下してきているのではないか、と思う人々が出てきても不思議ではない。地域から浮いた学校、孤独な家庭、崩壊しつつある孤立したそして分断化されつつある地域、というイメージが近代社会ではつきまとう。

効果のある教育政策は、三つの居場所の連携が必要であることは明らかである。学校だけに、家庭だけに、地域だけに教育を任せるのは、それぞれの負担が大きくなりすぎてしまうであろう。そのため、子どもがいる家庭を含めた地域の人々と学校の、コラボの大切さが近年注目されるようになった（第2章12節参照）。

学校だけに教育を任せてしまうのではなく、学校が地域の人々に情報を公開し、地域の人々は学校をサポートすることによって、希薄になりがちな人間関

係が密になっていくのを体験した方も多いのではないだろうか。この本は、地域（又は地域社会）と学校の連携の大切さを、理論だけでなく実践例を多く示しているので、大変わかりやすい学生向きのテキストとなっている（第6章51節参照）。又民間教育関係者や保護者が読むと、何らかのヒントが得られるに違いない。

　我々はよく「地域社会」という言葉を気軽に使うが、ではどの範囲までを地域と言うのか、地域社会と共同体の関係は何か、日本のコミュニティとは何か、といった疑問が出てくる。この本ではまず最初に地域及び地域社会とは何かを、しっかりと検討するところから始まっている。次に学校と地域社会をつなぐ学社連携の考え方に進んでいく（第2章11節参照）。

　地域社会の応援によって学校が活性化されるという考えのもとに、様々な取り組みの実践例を多く紹介している。当然キャリア教育や企業の社会的責任を問う CSR（Corporate Social Responsibility）やコミュニティ・スクールのことについても言及している。地域社会の企業が社会的責任として、地元の学校や社会に貢献することの大切さが伝わってくる。民間教育機関のスポーツクラブや塾もその1つと考えることができる。

　このような視点で読むと、地域社会及び民間教育の社会的な役割がよくわかってくるに違いない。

―――――――――――――――――― 目　次 ――――――――――――――――――

66

水島治郎

『反転する福祉国家
──オランダモデルの光と影』

（2012 岩波書店）

　副題は「オランダモデルの光と影」である。私の独断的なオランダのイメージを次に書き並べてみる。

　低い地帯に林立する風車とチューリップの田園風景。人口は約1700万人で人口密度は日本の約1.3倍。面積が少ない小国だが、首都アムステルダムは17世紀頃からヨーロッパの国際商業金融の中心都市として栄えた。芸術では画家のヴァン・ゴッホの絵が印象的だ。第二次世界大戦の最中に書かれたアンネの日記は今でもよく覚えている。経済史に出ていた世界で最初の恐慌と言われている「チューリップ恐慌（1637年）」も思い出す。日本史には、江戸時代の長崎の出島がオランダと交易したことが出てくる。日本の浮世絵をヨーロッパで広めたのはオランダと言ってもよいかもしれない。ゴッホは浮世絵の影響を強く受けたことでも知られている。

　日本の歴史を見ると、オランダとの関係は江戸時代には密であったが、20世紀以降は、ドイツ・フランス・イギリス・アメリカ合衆国の陰に隠れてしまった。第二次大戦後に日本に入ってくる海外の情報は、先の欧米以外では中国・韓国及び東南アジアが多くなった。EUはユーロができてから再び注目されることが多くなったが、なぜか小国オランダはあまり話題にならなかった。

　しかしこの本を読むと、オランダが「持続可能な社会」を考える際にモデルとなる重要な国であることがよくわかる。1980年代から1990年代は貧富の差の指標の1つであるジニ係数（※）が小さく、経済も順調に発展している成熟した社会として、一部の人に知られるようになった。

　この本によると、福祉国家には北欧型と大陸型があるという。前者はスウェーデンやフィンランドを代表とする社会民主主義体制を指す。当然中央政府が中心となって福祉政策だけでなく労働政策も行う。後者の大陸型国家はド

イツ・フランス・オランダ・ベルギーなどである。その特徴は「家族の重視」
であると言われている。

　ヨーロッパではキリスト教の社会観から、「孤児院」が中世の時代から存在
していることはよく知られている。この社会観は「人格主義」と呼ばれている
という。社会は孤立した個人から成るのではなく、社会的存在としての「人
格」から構成されると考えられている。具体的には家族や社会に始まるコミュ
ニティにおいて、他者との関わりを通して「人格の開花」が実現する、とされ
る。

　この「家族重視」のキリスト教民主主義は、第二次大戦後もドイツ・フラン
ス・オランダといったヨーロッパ大陸に根付いていて、この社会観のもとに福
祉国家を構築してきたという経緯がある。オランダもこのタイプの福祉政策を
実行してきた。福祉の基本単位は「男性稼得者モデルの家族」である。男性稼
得者のみを対象とした所得保障と言ってもよいだろう。その当時「女性の労
働」という発想はほとんどなかった（現在の日本との類似に注目）。

　貧富の差を縮小する所得再分配は、現在の日本と同様の「家族単位」であり、
北欧型の社会民主主義の福祉国家との違いは鮮明である。北欧型では男女全員
参加型（何らかの方法で社会との接点を持ち労働に参加するという意味も含まれている）
なので、年金や医療といった福祉的な給付は、個人単位である。中央政府で、
男も女も同様に労働するように導き、その代わり平等な福祉を全員に手厚くす
る、という政策を行う。

　民間主体の福祉の大陸型の福祉国家は、1970年代頃までは労働力不足解消
のため移民を積極的に受け入れていた。しかし1980年代の経済停滞が続くと、
多くのヨーロッパ諸国は失業率の上昇に悩まされた。この時オランダは「ワー
クシェアリング」という政策を実行し、危機を切り抜けたと言われている。労
働時間の短縮やパートタイム労働の導入をして、積極的に女性労働力を活用し
て、EUの中でも経済的に成功した国として知られるようになる。

　オランダでは1950年代は女性の就業率は20〜30％台であったが現在は70％
を超えるという。ここで注目したいのが、労働時間が減少した労働者・パート
タイム労働者も、給与や年金や社会保障などがほぼ正規労働者と同じ待遇で
あったことだ。これが「オランダの光」と言われる部分だが、オランダモデル
の影は「オランダにおける移民」問題である。オランダも例外なく排外的なポ

ピュリズムが台頭してきたことでも知られている。オランダの2000年以降を見ていると、移民と「シティズンシップ」という重い課題が見えてくる（第1章04節参照）。移民を自国に同化させるのか、それとも多文化主義なのか、多くの市民が悩む大きな問題である。多文化主義を尊重する場合、「人権」という重い課題を背負うことになる。衣・住・食などの文化の風習は尊重されなくてはならない。しかし、立憲主義を是としない、人権を軽視した文化や宗教があったとしたら、それをそのまま受け入れることはできないだろう。グローバル化した中で「持続可能な社会」が可能かどうかが問われている。光と影を持つオランダはその試金石として注目されていると言ってもよいだろう。

※ジニ係数…所得や資産の分配の不平等度を測る指標の1つ。0～1の値をとり、1に近いほど不平等度が高いことを示す（『広辞苑』より）。

目　次

終　章
〜成熟した社会での教育と幸せ〜

　この本は「持続可能な社会」をメインテーマとしている。1972年にローマクラブが「成長の限界」を発表した時は、「国際」という用語が使われており、政治・経済は国単位を中心に考えられていた時代である。しかし「持続可能な社会」は国境を越えたグローバリゼーションという用語が一般化した時代の「社会」のことを示している。

　持続可能な社会にするために解決しなければならないことが山積している国内に、まず目を向けてみよう。

　1991年以降バブル経済が弾けた後、山一証券やいくつかの銀行の倒産があり、20年近く経済の低迷が続いた。1980年代は上位だった1人当たりのGDPが少しずつ下がり続けている状況が現在まで続いている。全体のGDPは20年以上世界ではアメリカに次いで2位であったが、2009年には中国にその地位を譲り、現在に至る。このような低迷が続く経済状況は、労働力人口の減少とイノベーション（技術革新）の不足が大きな要因であると言われている。

　このような不況が長期間続いた後、追い討ちをかけるように2007年頃のリーマンショック、そして2011年3月11日の東日本大震災により、さらに経済の停滞が続いている。このように書き並べてくると暗たんたる思いになりがちだ。しかしこれからの日本をどのような社会にしていくかを真剣に考えるきっかけをつくったのが、日本の経済の長期低迷と思えば、新しい展望が開けてくるに違いない。

　ジニ係数が大きくなり経済格差が広がっている、子どもの貧困率はOECD諸国でトップクラス、貧困家庭の割合は増加し、家族数は減少し、労働人口は減少し続ける。このような社会情勢では、将来に不安を持つ人は消費を控え現金を持つ傾向が強くなるのは当然であろう。国内の消費が伸びず、金融危機(1990年代中頃)・リーマンショック・東日本大震災を経験した大企業は、リスクを避けるため国内投資を少なくし、現金を保有する傾向が強くなるのは当然かもしれない。

　景気を良くするために国債を発行し続け、消費税10％も話題になった。目

先の消費税率のことばかりに目を奪われていると、日本を将来どのような福祉国家にしていくかという青写真は、いつまでも棚上げされたままになってしまう。その間に、大衆消費社会にどっぷりつかって育った子どもや若者の学習意欲は低下し、その傾向は社会に出てからの労働意欲にも引き継がれていく。富裕層と貧困層の間で、経済格差だけでなく労働・学習意欲格差も広がることが予想できる。このような分断化された社会では、政治に対する期待感が薄くなり、選挙の投票率は下がり続け、立憲政治の危機の時代を迎える可能性が高くなってきている。

　一方、世界に目を向ければ、これも様々な解決すべき難問が山積している。グローバリゼーションという用語が使われ始めた頃から、地球温暖化などの環境問題がクローズアップされた。化石燃料による二酸化炭素（CO_2）の排出規制は、先に工業化をなし遂げた成熟国家と、これから産業化を推し進めようとする発展途上国との対立が鮮明になってきている。産業が発達する過程で、世界の様々な地域で宗教などを原因とする「民族紛争」が多発するようになった。貧富の差が大きい国での紛争では難民が発生し、近隣諸国との摩擦が激しくなってきている。

　一方、一足先に大衆消費社会に突入した成熟した国のほとんどは、経済の長期停滞に悩んでいる。発展途上国では絶対的貧困が問題になっているが、成熟した国家では、相対的貧困による社会の分断化が、国体を揺るがす状況になりつつある。グローバリゼーションによってヨーロッパの国々は多民族国家になってきた。宗教も含め、多文化主義を認めるのか、自国の文化をどのように継承していくのか、どのような政治体制を維持していくのか、といったことは欧米だけでなく、いずれ日本にも押し寄せてくる問題である。

　このような世の中の動きに対して、OECDが1990年代から積極的に経済政策や教育政策の提言をし続けている。その1つが2000年から始まったPISAであることは、プロローグで詳しく述べた通りである。1990年代から日本でも「生きる力」「問題解決能力」という用語を使いながら教育改革を進めようとしていた。その頃の考えは、学習量（知識）を減らし余裕ができた枠で「総合的な学習」の時間を設け、「生きる力」を養成するというねらいがあったものと思われる。より多くの知識が必要とされるグローバル化した社会は、ICT関係の科学技術の発展が目覚ましい時代である。このような状況を無視した、

ベクトルが逆に向いていた教育政策であった。

　1999年に勃発し、5年程続いた学力低下論争を第6章で詳しく紹介しているが、ちょうどその頃、OECDの第1回目のPISAが実施（2000年）され、一部の教育関係者は、今までにない記述式が含まれた問題に衝撃を受けた。数学でさえ実社会と関連のある問題で、文部省（当時）が広めようとしていた「生きる力」や「総合的な学習」が求めている学力・能力に近い内容であったことに注目した人は、意外と少なかったのではないだろうか。第1回、第2回、第3回ぐらいまでは、国際的順位のみが強調して報道され、少し順位が下がった程度で「日本の子どもの読解力は低下した！」と大騒ぎする教育関係者・保護者・政治家・ジャーナリストがかなりいたことを記憶している方もいるのではないだろうか。

　第4回目（2009年）あたりからPISAの内容に注目する度合いが強くなったのは、2007年から全国学力・学習状況調査がスタートしたからである。国語、数学ともにA問題、B問題があり、前者は今までのアチーブメントテストの内容とそれほど変わらないが、後者は明らかにPISAを意識した内容となっていた。PISAの順位よりも内容に関心を持つ人が増えたのは、全国学力・学習状況調査のおかげと言ってもよいかもしれない（しかし2019年12月3日に、2018年のPISAの結果が公表されたが、やはり順位が一番話題になった）。

　2007年頃からOECD関連の著作や報告書が出版され（第5章38節〜46節）、2020年以降の教育改革に多大な影響を与えている。OECDの教育提言だから無条件に受け入れるのではなく、グローバル化した社会で求められる教育とは何かという議論が活発に行われたからだと私は推測している。持続可能な社会にするための教育とは何か、そしてその時求められる能力は何かということを、多くの市民が考え議論に参加してほしいと願っての改革でなくてはならない。

　OECDの教育提言を精査すると、「何のための教育か」が見えてくるに違いない。教育関係者の注目を浴びるようになったOECDのPISAのことがよくわかる本が最近刊行された。『教育のワールドクラス——21世紀の学校システムをつくる』（明石書店、2019年）は、PISAの生みの親と言われているアンドレアス・シュライヒャー氏（OECDの教育・スキル局長）が約20年間にわたり教育提言の活動をしてきた報告書、という内容になっている。日本はもちろん、シンガポール、エストニア、カナダ、フィンランド、上海などに出向き、教育関

係者の話を聞くだけでなく実際の教育現場も見ている、アクティブな学者である。66冊の中には入れることができなかったが、OECD の教育提言の内容や意図を知るには手ごろな本と言える。

　2020年からの大学入試の方法や問題がかなり変わるとの情報はマスコミを中心に流れている。国語や数学の記述式の問題と英語の4技能（読む・書く・聞く・話す）の検定が話題となり、2019年10月以降は連日新聞やテレビで報道されている（2019年12月現在は延期となっているが、今のところどうなるかは定かではない）。大学の入試制度を大幅に変えるのは、大学の入試が変化すれば、それに合わせて高校が動く、さらに高校の授業や入試に合わせて小・中学校が動く、という文科省側の目論見と私は推測している。全国学力・学習状況調査の問題の影響を受けた内容であることは、ある程度知られるようになったが、OECDの PISA の影響を強く受けていることを知っている人はまだ少ないと思われる。拙著全体を読み、OECD の PISA、大学入学共通テスト、2020年教育改革、全国学力・学習状況調査、グローバル化した社会で生きていく上での知恵や能力、このことが結びついて頭の中がすっきりすれば、著者としては本望である。そして、頭の中をすっきりさせるキーワードは「持続可能な社会」であることは言うまでもない。

　ここで簡単に教育について私見を述べたいと思う。教育の最終の目的は「幸せ」であると考えている。これは自分だけの「幸せ」ではない。自分だけが幸せで他の人が不幸となった社会を考えると、私はぞっとする。なぜなら「幸せ」は他の人との交流で得られることが多いからだ。もし自分の身近な他の人が不幸なら、たぶんその人は「幸せ」と感じることは少ないだろう。不幸な人ばかりのコミュニティだとしたら、そこに定住することは楽しくはないし、長続きしないだろう。

　経済資本が豊かになるにつれて、文化資本も多くなり、学力が高くなることは予想できる。そのような家庭や地域社会は「幸せ」を感じる市民が多いのではないかと思っていた。このような時、『富山は日本のスウェーデン』（井手英策、集英社）に出合い、これからは「コミュニティ（共同体）」を再評価する必要性があることを強く思った。富山が1960年代から全国学力テスト（1960～1964年、2007～2019年）では常に上位を占めている県であることはあまり知られていない。幸せを感じる度合いが高いと、安心して学ぶことができ、学力が

高くなることは理にかなっている。その社会で平均的な生活ができる経済資本を手にしても、むやみやたらに学びや生存のための競争意識が高いと、幸せ感は薄くなると思われる。持続可能な社会を考える時、もう一度コミュニティという観点から日本の家族制度を肯定的に検討する時期にきているのではないかと、学力のことを調べるうちに思うようになった（明治以降強制的に家族に介入してきた儒教の影響を強く受けている「家父長制」の家制度のことではない）。

　持続可能な社会を考える時、日本の将来のあるべき姿のヒントを求めて、富山や東北の家族制度をコミュニティから再考する価値は十分あると思う。

　ここで保守と革新のことに少し触れておきたい。50年前は、古い封建的な匂いがぷんぷんする制度や文化を打破するのが革新であった。それらを打破してそれなりの生活を獲得した革新的な人は今の生活水準を維持するために保守化していく。この場合の保守は、儒教の影響が残っていた家父長制の家族とは明らかに違う。1人ひとりの人権を認めた家族がいくつか集まって、1つのコミュニティを形成していくことが可能となっているのではないだろうか。

　日本は江戸時代から、単作物の農業で生計をたてていたのではない。田で米を作るだけでなく、畑で麦やイモ類や野菜、さらには果物も作っていた。江戸の後半からは蚕を自宅で飼い、糸にして布を織る農家も出てきた。小さな村落共同体で自給自足できる体制が成立していた。みそ、しょうゆ、うめぼし、たくあん、こんにゃくといった保存食を、自分達のためにつくるというのが普通の農家であった。これは様々な工夫をして食を豊かにし、現金収入を得る（蚕など）ことにもつながっている。このような文化風習は知らず識らずのうちに、生活のための基本的な技術を身につけていたことになる。複数の作物やそれに付随するものを作ることによって、単作物だけで生計が成り立つ場合よりも、様々な技術や生きるための知恵が身につくと思われる。

　この点が日本の村落共同体の強みではないだろうか。明治以降儒教が無理やり家族に介入してきたため、江戸時代からの家族制度は、戦後何かと批判されてきたものと思われる。しかし富山の例などを見ると、長い歴史の上で見れば封建的家父長制は一時期、一部の地域のことだったのではないか。

　様々な格差問題と分断化された社会を是止しなければ持続可能な社会は不可能となる。これを可能にする要因の1つとして、日本の「コミュニティ」を挙げることができるのではないだろうか。

もう１つ2019年の10月以降、よく話題になる大学入学共通テストについて私見を述べたいと思う。英語４技能検定と記述式の問題を同列に考えてはならない。もしそうなるなら、世界の流れから時計の針を20年前に戻すことになるからだ。英語の４技能に関しては第１章08節で触れたが、現在の日本人にとって４技能すべてがこれから本当に必要になるかどうかという議論を、きっちりする必要がある。多文化主義を受容して外国人居住者が増え、外国人の観光客も増加してきている。そのうち、英語圏の外国人は10％前後である。この割合がこれから増えるとは考えにくい。仕事で英語の４技能が必要な労働者を含めても、日本人の80％以上は、「話す・聞く」の技能を使わずに一生涯過ごす確率が高いことは予想できる。

　このように考えてくると「何のための、だれのための４技能なのか」という疑問が沸き上がってくる。「話す、聞く」の２技能は従来通り、それが必要と思う親や子どもや仕事をしている人々が、自分の判断で学べばよいのではないだろうか。大学入学共通テストに英語の４技能を入れると、小学校の段階から中学校・高校まで、半強制的に「教養の１つ」として勉強することになる。これは高校までの学びが、日本人の共通文化としてのリベラルアーツ（教養教育）であることとは明らかに違う。多文化共生社会に日本もなりつつあるが、日本人が出会う外国人はこれからは東南アジアや中国・韓国といった非英語圏の方が多いはずである。

　現在の状況下、英語教育に今以上の税金を使うということは、費用対効果（コスパ）を考えると、大変よろしくないということになる。OECDの教育提言は、「コスパを考えて、効率のよい教育政策を考えるためだ」と、PISAを広めた責任者は明言している。このような観点からみると、明らかにOECDの教育政策と矛盾していることが明らかになってくる。

　さらに格差のある社会を助長する可能性も否定できない。英語の４技能を習得できるのは富裕層である確率が高いからである。今までの英語教育のすべてを否定しているのではない。４技能のうち「話す・聞く」を強制的に公教育に組み入れる必要があるかという問いかけである。

　一方国語と数学の記述式の問題は、英語４技能検定と切り離して考えるべきである。採点方法などに不安はあるが、この記述式の問題はこれからのグローバル化した社会で生きていくために必須の能力の１つを養成しようとしている

からだ。これに関しては OECD の教育提言と同じ方向であるといえる。日本人の教養、そして人間の幸せを呼び込む可能性のある記述及びコミュニケーション能力（基本は日本語）は、持続可能な社会にするためにも必要であることは言うまでもない。このことは、拙著の序章から終章まで読んだ方には、納得していただけるのではないだろうか。

　この能力を修得するには、一定の文化資本も必要である。しかし文化資本をシェアするという、パートナーシップが芽生えれば、社会に存在する様々な格差は縮小していく可能性があることも忘れてはならない。

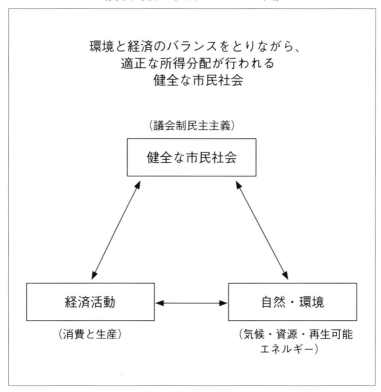

〔持続可能な社会のイメージ図〕

あとがき

　東日本大震災（2011年3月11日）の時、私は自宅（東京）の近くで仕事をしていた。震度5弱であったが、我が家の14階建のマンションも相当揺れたようだ。家に戻ると建物は何でもなかったが、私の書斎の本は上からかなり崩れ落ち、そこにもしいたとしたら、どこかを怪我していたと思われる状況だった。その後テレビなどで見た光景は信じられないことの連続であった。

　このような体験をすると、「持続可能な社会」のことを真剣に考える人々が増えるのは当然なのかもしれない。私も例外ではなかった。わずか20年の間に、1990年代の金融危機、1995年の阪神淡路大震災、2007年のリーマンショック、2011年の東日本大震災、という四大危機に日本は遭遇したことになる。この間にグローバル化した社会では、気候変動など拙著で取り上げた様々な難問を我々に突き付けている。このような諸問題を、各分野の方の労作を活用して、私流の物語としてわかりやすく整理してみたいと思ったのが、拙著を書く動機であった。「書評をまとめてみたら」といったヒントを与えていただいたのは明石書店の安田伸氏であり、ここで感謝の意を申し上げておきたい。

　OECD は2000年に第1回目の PISA を実施したが、私にとっては大変衝撃的であったのと同時にうれしかった記憶がある。今までの教科書や入試では目にしたことのない問題であったが、子どもを教え始めた頃から理科や国語や社会科で記述式の問題を作成していたからである。数学までは考えなかったが、プロセスを重視する思考の練習として、数学の定理の証明は様々な工夫をして授業に取り入れていた。

　記述の問題と定理の証明の練習をかなりすると、子どもの成績が向上してくることを、たびたび経験した。因果関係は定かでないし、どれくらい学力が伸びたかというエビデンスもない。私の感覚的な思いが強いが、手を動かしながらの「学び」はかなり効果のある学習法だということを、何となく理解していた。

　このような授業をしていたので、PISA の問題を見て、自分が実践してきた学習方法のベクトルは間違っていなかったことを確信したのであった。全国学力・学習状況調査が2007年から始まったが、1960年代と違い A 問題と B 問題があり、後者は PISA 型と言われている。この頃から私は PISA や学力調査

に関した論考を雑誌やマスコミなどに発信するようになり、現在に至っている。

　持続可能な社会、ここ20年の日本の四大危機、2000年からのPISA、OECD
の教育政策提言、2007年からの全国学力・学習状況調査、そして2020年から
の教育改革、これらのことを考えながら、「今の社会を読み解いてみよう」とい
う狙いでこの66冊の本をまとめてみた。

　2018年以降、教育や持続可能な社会に関係していそうな時事的な出来事を、
各章に組み入れている。現実に生じている問題と理論とのすり合わせを意識し
たからである。2020年以降に行われる予定であった大学入学共通テストも同
様である。このあとがきを書いている最中（2019年12月18日）に、国語と数学
の記述式を中止するとの報道があった。10月に英語民間試験の見送りが決定
されたことも含めると、改革の2本の柱を失うことになり、2020年以降の教育
改革を実施する前から、この先が不透明な状況になってきた。このような時、
拙著で紹介した66冊の本は、これからの方向性を考える上で、十分役立つ内
容だと思われる。

　OECDの教育政策への提言にそって多くの国は教育改革を進めようとしてい
る。従来の学力観、具体的には今までの日本の暗記中心の学力観を見直す機
会である。グローバルな社会で求められている「コンピテンシー」をもう一度
再確認すれば、改革の方向性は間違っていないことは明白である。OECDの
PISAの目的は「少ない費用で多大な効果のある教育政策をする」であった。
これからの教育は費用対効果も考えなくてはならないことは序章、第5章、終
章に詳しく書いた。今回はあまりにも急ぎ過ぎたので、かえって無駄な費用を
使ってしまったことになる。

　英語の4技能に関しての私の考えは終章で述べた通りである。もう1つの改
革の柱であった国語と数学の記述式の問題は推進すべきで、英語とは切り離し
て考えるべきである。もしそうでなければ欧米や中国や東南アジア諸国に、1
歩も2歩も遅れる恐れがあるからだ。

　マークシート方式の場合、評価方法や採点が簡単でわかりやすいことはだれ
が見ても当然である。わかりやすいということは、1人の人間の能力を1つの
物差しで単純に「測定」してしまうことにもなりかねない。多面的な能力を
持っている人間の可能性の芽を「摘む」こともあるだろう。記述式の採点や評
価方法が難しいことは明らかだが、方法を工夫する余地はあると思われる。ま

ず一律に50万人以上の受験生を測定することから検討し直す必要がありそうだ。

　今回の中止さわぎで露呈したのは、公教育が民間教育機関を活用する難しさである。英語や記述の問題は国（文科省）の政策を民間に「丸投げ」したようにしか私には思えないからだ。一番面倒なことを国がやらないで、又は国で方針や方法を示さないで、とりあえず民間に任せるといった安直な考えが、一部の政治家からあったような気がしてならない。民間を活用する時はほとんどおまかせする、しかし予算はこれだけしか出せません、といった官高・民低の流れがあったとしたら、公と民のコラボはこれからも難しいのではないだろうか。

　最後にもう一点、今回の改革に対して気になる点を記しておきたいと思う。1990年頃から学校スリム化の教育政策が進められ、学校週5日制が実施され、ほとんどの教科の学習量はかなり減少した。その減少したピークが2000年前後で、PISAの第1回の結果と学力低下論争をきっかけに、今度は振り子が逆に動き出した。2019年の小・中学校の教科書は、20年前に比べると、算数・数学を中心に20％から30％もページ数が多くなっている。

　2020年からは学習項目が増えるので、さらに教科書は厚くなっていくことが推測できる。小学生の英語や道徳に力を入れてきたが、それに加えてプログラミングも入ってくる。中学・高校では英語の4技能を推進していくと言う。授業は双方向性のアクティブ・ラーニングが推奨され、問題解決能力を育てる授業が望ましいとされてくる。

　学習量の減少（スリム化）のバッシングが20年前はすさまじかったが、逆にこんなに小・中・高で学ぶことが多いと、パニックになってしまう子どもが出てくる可能性がある。さらに「テンコモリ」の授業をまじめに実践しようとする教師はもっと大変なのではないだろうか。日本の小・中学校の教師は「教える」時間以外の業務が、OECD諸国の中でもずば抜けて多いことが判明している。義務教育で部活動がはたして必要なのかということからきちんと議論して、「学校業務のスリム化」を文科省や大臣が音頭をとって実行しなければ、現場は大変であろう。現場に授業を「丸投げ」するだけでは、教育改革はうまくいかない確率が高くなり、OECDの教育政策である「コスパの教育投資」と矛盾することになりかねない事態になるだろう。

2019年12月21日

●著者紹介

小宮山博仁（こみやま・ひろひと）
1949 年生まれ。教育評論家。日本教育社会学会会員。放送大学非常勤講師。47 年前に塾を設立。2005 年より学研グループの学研メソッドで中学受験塾を運営。学習参考書を多数執筆。最近は活用型学力や PISA など学力に関した教員向け、保護者向けの著書、論文を執筆。
著書・監修書：『塾——学校スリム化時代を前に』（岩波書店、2000 年）、『面白いほどよくわかる数学』（日本文芸社、2004 年）、『子どもの「底力」が育つ塾選び』（平凡社新書、2006 年）、『新聞コラム活用術』（ぎょうせい、2009 年）『「活用型学力」を育てる本』（ぎょうせい、2014 年）、『はじめてのアクティブラーニング社会の？＜はてな＞を探検』全 3 巻（童心社、2016 年）、『眠れなくなるほど面白い 図解 数と数式の話』（日本文芸社、2018 年）、『眠れなくなるほど面白い 図解 数学の定理』（日本文芸社、2018 年）、『眠れなくなるほど面白い 図解 統計学の話』（日本文芸社、2019 年）、『大人に役立つ算数』（角川ソフィア文庫、2019 年）など。

持続可能な社会を考えるための 66 冊
──教育から今の社会を読み解こう

2020 年 1 月 18 日　初版第 1 刷発行

　　　　　　　　　　　　著　者　　　小宮山　博　仁
　　　　　　　　　　　　発行者　　　大　江　道　雅
　　　　　　　　　　　　発行所　　　株式会社 明石書店
　　　　　　　　　　　　〒 101-0021 東京都千代田区外神田 6-9-5
　　　　　　　　　　　　電　話　03 (5818) 1171
　　　　　　　　　　　　F A X　03 (5818) 1174
　　　　　　　　　　　　振　替　00100-7-24505
　　　　　　　　　　　　http://www.akashi.co.jp

　　組版　　　朝日メディアインターナショナル株式会社
　　印刷／製本　モリモト印刷株式会社

（定価はカバーに表示してあります）　　　　　　ISBN978-4-7503-4953-4
　　　　　　　　　　　　　　　　　　　　　　　Ⓒ Hirohito KOMIYAMA 2020

医療人類学を学ぶための60冊

医療を通して「当たり前」を問い直そう

澤野美智子　編著

■A5判／並製／240頁　◎2800円

文化人類学の一領域であり、一方で患者への治療やケアに直接結びつく医学・看護学の側面をもつ「医療人類学」。その全体像をつかむための必読書やお薦めの本を60冊選んで紹介するブックガイド。近年重視されるQOLのあり方を考えるためにも役に立つ一冊。

●内容構成●

第Ⅰ章　医療人類学ことはじめ——中高生から読める本
第Ⅱ章　身体観と病気観
第Ⅲ章　病気の文化的側面と患者の語り
第Ⅳ章　病院とコミュニティ
第Ⅴ章　歴史からのアプローチ
第Ⅵ章　心をめぐる医療
第Ⅶ章　女性の身体とリプロダクション
第Ⅷ章　さまざまなフィールドから——医療人類学の民族誌

生まれ、育つ基盤 子どもの貧困と家族・社会

シリーズ・子どもの貧困①

松本伊智朗編集代表
松本伊智朗・湯澤直美編著
◎2500円

遊び・育ち・経験 子どもの世界を守る

シリーズ・子どもの貧困②

松本伊智朗編集代表
小西祐馬・川田学編著
◎2500円

教える・学ぶ 教育に何ができるか

シリーズ・子どもの貧困③

松本伊智朗編集代表
佐々木宏・鳥山まどか編著
◎2500円

大人になる・社会をつくる 若者の貧困と学校・労働・家族

シリーズ・子どもの貧困④

松本伊智朗編集代表
杉田真衣・谷口由希子編著
◎2500円

支える・つながる 地域・自治体・国の役割と社会保障

シリーズ・子どもの貧困⑤

松本伊智朗編集代表
山野良一・湯澤直美編著
◎2500円

子どもの貧困調査 子どもの生活に関する実態調査から見えてきたもの

山野則子編著
◎2800円

前川喜平 教育のなかのマイノリティを語る

高校中退・夜間中学・外国につながる子ども・LGBT・沖縄の歴史教育

前川喜平・青砥恭・関本保孝・善元幸夫・金井景子・新城俊昭著
◎1500円

右翼ポピュリズムのディスコース 恐怖をあおる政治はどのようにつくられるのか

ルート・ヴォダック著
石部尚登、野呂香代子、神田靖子編訳
◎3500円

〈価格は本体価格です〉

開発政治学を学ぶための61冊

開発途上国のガバナンス理解のために

木村宏恒 監修
稲田十一・小山田英治・金丸裕志・杉浦功一 編著

■A5判/並製/296頁 ◎2800円

いまや「良い統治」をどう実現するかは開発の焦点であり、開発の世界で焦点となったガバナンス＝統治を、政治学的に位置づけたものが開発政治学である。開発は国づくりであり、国をつくるのは政治であるという「開発の基本」を、政治学の各分野と関連する61冊の本の紹介を通じて理解する新たな視点の概説書。

●内容構成●

社会情動的スキル　学びに向かう力

経済協力開発機構（OECD）編著
ベネッセ教育総合研究所企画・制作　無藤隆、秋田喜代美監訳

◎3600円

学習の本質　研究の活用から実践へ

経済協力開発機構（OECD）編著
立田慶裕、平沢安政監訳

◎4600円

メタ認知の教育学　生きる力を育む創造的数学力

OECD教育研究革新センター編著
篠原真子、篠原康正、袰岩晶訳

◎3600円

経験資本と学習　首都圏大学生949人の大規模調査結果

OECD教育研究革新センター編著
岩崎久美子、下村英雄、柳澤文敬、伊藤素江、村田維沙、堀一輝著

◎3700円

日本と世界の学力格差　国内・国際学力調査の統計分析から

シリーズ・学力格差① 〈統計編〉
志水宏吉監修
川口俊明編著

◎2800円

学力を支える家族と子育て戦略　就学前後における大都市圏での追跡調査

シリーズ・学力格差② 〈家庭編〉
志水宏吉監修
伊佐夏実編著

◎2800円

学力格差に向き合う学校　経年調査からみえてきた学力変化とその要因

シリーズ・学力格差③ 〈学校編〉
志水宏吉監修
若槻健、知念渉編著

◎2800円

世界のしんどい学校　東アジアとヨーロッパにみる学力格差是正の取り組み

シリーズ・学力格差④ 〈国際編〉
志水宏吉監修
ハヤシザキカズヒコ、園山大祐、シムチュンキャット編著

◎2800円

〈価格は本体価格です〉

開発社会学を学ぶための60冊

援助と発展を根本から考えよう

佐藤寛、浜本篤史、佐野麻由子・滝村卓司 編著

■A5判／並製／248頁 ◎2800円

開発社会学の基礎的文献60冊を紹介するブックガイド。8つのテーマに分けて文献を選び、基礎的な知識、ものの見方を紹介する。各書籍には関連文献などを挙げ、さらに学びたい人にも役立つ構成。学生から開発業界に携わる実務者まで幅広く使える、必携の「開発社会学」案内。

● 内容構成 ●

はじめに――開発社会学の世界へようこそ！
第Ⅰ章 進化・発展・近代化をめぐる社会学
第Ⅱ章 途上国の開発と援助論
第Ⅲ章 援助行為の本質の捉え直し
第Ⅳ章 押し寄せる力と押しとどめる力
第Ⅴ章 都市・農村の貧困の把握
第Ⅵ章 差別や社会的排除を生み出すマクロ―ミクロな社会構造
第Ⅶ章 人々の福祉向上のための開発実践
第Ⅷ章 目にみえない資源の活用

国際バカロレアの挑戦 グローバル時代の世界標準プログラム

岩﨑久美子編著

◎3600円

キー・コンピテンシーの実践 学び続ける教師のために

立田慶裕著

◎3000円

脳からみた学習 新しい学習科学の誕生

OECD教育研究革新センター編著
小泉英明監修 小山麻紀、徳永優子訳

◎4800円

学びのイノベーション 21世紀型学習の創発モデル

OECD教育研究革新センター編著
有本昌弘監訳 多々納誠子訳 小熊利江訳

◎4500円

アートの教育学 革新型社会を拓く学びの技

OECD教育研究革新センター編著
篠原康正、篠原真子、裏岩晶訳

◎3700円

幸福の世界経済史 1820年以降、私たちの暮らしと社会はどのような進歩を遂げてきたのか

OECD開発センター編著
徳永優子訳

◎6800円

主観的幸福を測る OECDガイドライン

経済協力開発機構（OECD）編著
桑原進、高橋しのぶ訳

◎5400円

信頼を測る OECDガイドライン

経済協力開発機構（OECD）編著
桑原進監訳 高橋しのぶ訳

◎5400円

〈価格は本体価格です〉

生きるための知識と技能 7

OECD生徒の学習到達度調査（PISA）
2018年調査国際結果報告書

国立教育政策研究所 編

A4判／並製／288頁
◎3600円

世界79か国・地域の15歳児の学力について、読解力、数学的リテラシー、科学的リテラシーの3分野から評価したPISA2018年調査結果をもとに、日本にとって示唆のあるデータを中心に整理・分析。調査結果の経年変化や学習背景との相関についても紹介。

内容構成

第1章　PISA調査の概要
第2章　読解力
第3章　数学的リテラシー
第4章　科学的リテラシー
第5章　学習の背景

TIMSS2015 算数・数学教育／理科教育の国際比較

国際数学・理科教育動向調査の2015年調査報告書

国立教育政策研究所編

◎4500円

PISA2015年調査　評価の枠組み

OECD生徒の学習到達度調査　国立教育政策研究所編

経済協力開発機構（OECD）編著

◎3700円

PISAの問題できるかな？

OECD生徒の学習到達度調査

経済協力開発機構（OECD）編著　国立教育政策研究所監訳

◎3600円

教育研究とエビデンス　国際的動向と日本の現状と課題

トム・シュラー、籾井圭子、津谷喜一郎、秋山劼二、岩崎久美子著
大槻達也、惣脇宏、豊浩子、

◎3800円

諸外国の生涯学習

文部科学省編著

◎3600円

諸外国の教育動向　2018年度版

文部科学省編著

◎3600円

諸外国の初等中等教育

文部科学省編著

◎3600円

外国人児童生徒受入れの手引〔改訂版〕

文部科学省総合教育政策局男女共同参画共生社会学習・安全課編著

◎800円

〈価格は本体価格です〉

教育のワールドクラス

21世紀の学校システムをつくる

アンドレアス・シュライヒャー 著 経済協力開発機構（OECD）編

ベネッセコーポレーション 企画・制作

鈴木寛、秋田喜代美 監訳 小村俊平、平石年弘、桑原敏典、
下郡啓夫、花井渉、藤原誠之、生咲美奈子、宮美和子 訳

■A5判／並製／352頁 ◎3000円

テクノロジーの進歩やグローバル化の進展により、教育や学習をめぐる環境も大きく変化しようとしている。OECD生徒の学習到達度調査（PISA）の創始者であり今なお世界の教育改革に向けて奮闘する著者が、長年にわたる国際調査から得られたエビデンスに基づいて、21世紀に向けた新たな学校システムを探究する。

図表でみる教育

OECDインディケータ（2019年版）

経済協力開発機構（OECD）編著　矢倉美登里、伊藤理子、稲田智子、坂本千佳子、田淵健太、松尾恵子、元村まゆ訳

◎8600円

図表でみる男女格差 OECDジェンダー白書2

今なお蔓延る不平等に終止符を！

経済協力開発機構（OECD）編著　濱田久美子訳

◎6800円

若者のキャリア形成

スキルの獲得から就業力の向上、アントレプレナーシップの育成へ

経済協力開発機構（OECD）編著　菅原良、福田哲哉、松下慶太監訳
竹内一真、佐々木真理、橋本諭、神崎秀嗣、奥原俊訳

◎6800円

国際化のなかのスキル形成

グローバルバリューチェーンは雇用を創出するのか

経済協力開発機構（OECD）編著　菅原良監訳
高橋南海子、奥原俊、坂本文子、神崎秀嗣、松下慶太、竹内一真訳

◎3700円

OECD幸福度白書3

より良い暮らし指標：生活向上と社会進歩の国際比較

OECD編著　西村美由起訳

◎5500円

OECD保育の質向上白書

人生の始まりこそ力強く：ECECのツールボックス

OECD編著　秋田喜代美、阿部真美子、門田理世、北村友人、鈴木正敏、星三和子訳

◎6800円

世界の移民政策

OECD国際移民アウトルック（2016年版）

経済協力開発機構（OECD）編著　徳永優子訳

◎6800円

世界の行動インサイト

公共ナッジが導く政策実践

経済協力開発機構（OECD）編著　齋藤長行監訳　濱田久美子訳

◎6800円

〈価格は本体価格です〉